Fachbegriff	Erklärung und Beispiel
Modalverb	Verb, das ausdrückt, dass etwas möglich, notwendig, erlaubt, gewollt oder erlaubt ist dürfen, können, mögen, müssen, sollen, wollen
modifizierendes Verb	Verb, das die Bedeutung eines Vollverbs abwandelt Der Test **droht** zu scheitern.
Modus	Aussageweise des Verbs: ↑ Indikativ, ↑ Konjunktiv, ↑ Imperativ
Nebensatz	untergeordneter Teilsatz an der Stelle eines Satzgliedes (= Gliedsatz) oder Attributs (= Attributsatz) **Als er ging,** brannte die Lampe noch, **die am Fenster stand.**
Neutrum	grammatisches Geschlecht: sächlich **das** Kind
Nomen	↑ Substantiv die Birne, der Mann, das Glück
Nominativ	1. Fall (Wer/Was-Fall) der Baum, die Küche, die Kinder
Numerale	Zahlwort **drei** Bücher, die **wenigen** Autos
Numerus	Zahl eines Substantivs: Singular (Einzahl) oder Plural (Mehrzahl) das Kind – die Kinder
Objekt	Ergänzung zum Prädikat; Satzglied Sie aßen **Äpfel.**
Objektsatz	Nebensatz, der an die Stelle eines Objekts tritt Er möchte nicht, **dass wir ihm helfen** (unsere Hilfe).
Parataxe	↑ Satzreihe
Partikel	unveränderbares Wort nur, wohl, …
Partizip	infinite Verbform (Partizip I, Partizip II) sehend, gesehen
Partizipialsatz	verkürzter Gliedsatz mit Partizip I oder Partizip II **Auf Antwort hoffend** wartete sie.
Passiv	Eine Handlungsrichtung des Verbs; Ggs.: Aktiv Der frische Kuchen **wird gegessen.**
Perfekt	Tempus: vollendete Gegenwartsform Sie **haben gegessen.**
Personalpronomen	persönliches Fürwort ich, du, er/sie/es, wir, ihr, sie
Plural	Mehrzahl die Hunde
Plusquamperfekt	Tempus: vollendete Vergangenheitsform Sie **hatten** das Kapitel **gelesen.**
Positiv	Grundstufe des Adjektivs gut, schnell, günstig
Possessivpronomen	besitzanzeigendes Fürwort mein, deine, unsere
Prädikat	Satzaussage Sie **lesen** das Kapitel.
Präposition	Verhältniswort am, durch, mit
Präfix	Vorsilbe **be**stehen, **ver**folgen, **zer**reißen

Fachbegriff	
Präpositionalobjekt	
Präsens	Tempus: Gegenwartsform Sie **lesen** das Kapitel.
Präteritum	Tempus: Vergangenheitsform Sie **lasen** das Kapitel.
Pronomen	Fürwort welcher, diese, du
reflexives Verb	rückbezügliches Verb sich kratzen, sich ärgern
Reflexivpronomen	rückbezügliches Fürwort mich / mir, dich / dir, sich, euch, sich
Relativpronomen	bezügliches Fürwort der, die das, welcher, welche, welches
Relativsatz	Nebensatz, der durch ein Relativpronomen eingeleitet wird Das Buch, **das du liest.**
Satzgefüge, Hypotaxe	aus Haupt- und Nebensatz zusammengesetzter Satz Weil das Wetter kalt und regnerisch war, wurden die Zeltferien abgebrochen.
Satzglied	Bausteine eines Satzes: einzelnes Wort, Wortgruppe oder Gliedsatz Sie | lesen | das Kapitel.
Satzreihe, Parataxe	aus Hauptsatz und Hauptsatz zusammengesetzter Satz Das Wetter war kalt und regnerisch, die Zeltferien wurden abgebrochen.
Singular	Einzahl der Hund
Steigerung	Komparation schneller → am schnellsten
Subjekt	Satzgegenstand Der Mann trägt eine Brille. **Sie** lügt.
Subjektsatz	Nebensatz, der an die Stelle eines Subjekts tritt **Dass wir gewonnen haben,** freut uns sehr.
Substantiv	Nomen, Hauptwort die Birne, der Mann, das Glück
Suffix	Nachsilbe heil**bar**, erklär**lich**, dieb**isch**
Superlativ	höchste Steigerungsstufe am besten, am schnellsten
Temporalsatz	Adverbialsatz, der Zeitpunkt oder -dauer nennt **Als es dunkel wurde,** ging sie heim.
Tempus	Zeitform des Verbs, z. B. Präsens, Perfekt
transitives Verb	Verb mit Akkusativobjekt Sie liest ein Buch.
Verb	Tätigkeitswort, Zeitwort lesen, ging, hat gearbeitet
Vollverb	Verb, das ohne Hilfsverb das Prädikat bilden kann sehen, flüstern, suchen

Duden

Schulgrammatik extra
Deutsch

5. bis 10. Klasse

Grammatik und Rechtschreibung
Aufsatz und Textanalyse
Umgang mit Medien

3., aktualisierte Auflage

Duden Schulbuchverlag
Berlin · Mannheim · Leipzig · Wien · Zürich · Frankfurt a. M.

Bibliografische Information der Deutschen Nationalbibliothek
Die Deutsche Nationalbibliothek verzeichnet diese Publikation in der
Deutschen Nationalbibliografie; detaillierte bibliografische Daten
sind im Internet über http://dnb.ddb.de abrufbar.

Das Wort **Duden** ist für den Verlag Bibliographisches Institut &
F. A. Brockhaus AG als Marke geschützt.

Alle Rechte vorbehalten.
Nachdruck, auch auszugsweise, vorbehaltlich der Rechte, die sich aus
den Schranken des UrhG ergeben, nicht gestattet.

Nach den seit 1. 8. 2006 gültigen Rechtschreibregeln.

© 2009 Bibliographisches Institut & F. A. Brockhaus AG, Mannheim,
und DUDEN PAETEC GmbH, Berlin   D C B A

Redaktionelle Leitung Heike Krüger-Beer
Redaktion Veronika Kirschstein, Jürgen Folz, Dr. Anja Steinhauer
Autoren Monika Bornemann, Michael Bornemann

Herstellung Tobias Kaase
Layout Peter Lohse
Umschlaggestaltung Sven Rauska

Satz Elstersatz, Stefan Hergenröder, Wildflecken
Druck und Bindung Firmengruppe APPL, Wemding
Printed in Germany

ISBN 978-3-411-71993-8 (geb.)
ISBN 978-3-89818-716-9 (kart.)

Inhalt

Grammatik

Kapitelübersicht 5

1 Die Wortarten 6
1.1 Das Substantiv (Nomen, Hauptwort) 6
1.2 Der Artikel (Begleiter) 8
1.3 Das Verb (Tätigkeitswort, Zeitwort) 9
1.4 Das Adjektiv (Eigenschaftswort) 24
1.5 Das Adverb (Umstandswort) 26
1.6 Das Pronomen (Stellvertreter) 27
1.7 Die Präpositionen (Verhältniswörter) 32
1.8 Die Konjunktionen (Bindewörter) 33
1.9 Das Numerale (Zahlwort, Zahladjektiv) 34
1.10 Die Interjektion (Ausrufe- und Empfindungswort) 34

2 Die Wortbildung 35
2.1 Die Zusammensetzung 35
2.2 Die Ableitung 35
2.3 Die Wortkürzung 36

3 Wortfamilie und Wortfeld 36

4 Der Satz 37
4.1 Die Satzglieder 37
4.2 Die Satzarten 45
4.3 Die Satzformen 46

Rechtschreibung und Zeichensetzung

Kapitelübersicht 53

1 Die Groß- und Kleinschreibung 54
1.1 Satzanfang, Überschriften, Titel 54
1.2 Substantive und Substantivierungen 54
1.3 Adjektive und Partizipien 55
1.4 Eigennamen 55
1.5 Zeitangaben 56
1.6 Geografische Bezeichnungen und Herkunftsbezeichnungen 56
1.7 Die Anrede 56

2 Die Getrennt- und Zusammenschreibung 57
2.1 Verbindungen mit einem Verb 57
2.2 Verbindungen mit Adjektiven und Partizipien 58

3 Die Dehnung und die Schärfung 59
3.1 Möglichkeiten der Dehnung 59
3.2 Schärfung durch Doppelkonsonanten und Konsonantenhäufung 59
3.3 Der s-Laut 59

4 Gleich und ähnlich klingende Laute 60

5 Die Fremdwörter 62
5.1 Fremdwörter aus dem Englischen 62
5.2 Fremdwörter aus dem Französischen 62
5.3 Mehrteilige Fremdwörter 62

6 Die Zeichensetzung 63
6.1 Das Komma 64
6.2 Der Punkt 67

7 Die Worttrennung 68
7.1 Die Trennung einfacher Wörter 68
7.2 Die Trennung zusammengesetzter Wörter 68
7.3 Die Trennung von Fremdwörtern 68

Schreiben

	Kapitelübersicht	69
1	Die Nacherzählung	70
2	Die Beschreibung	71
2.1	Die Personenbeschreibung	71
2.2	Die Gegenstandsbeschreibung	72
2.3	Die Bildbeschreibung	73
2.4	Die Vorgangsbeschreibung	74
3	Der Bericht	75
4	Die Schilderung	76
5	Die Inhaltsangabe	77
6	Die Charakterisierung	79
7	Die Erörterung	81
7.1	Die freie Erörterung	81
7.2	Die textgebundene Erörterung	84

Textanalyse

	Kapitelübersicht	85
1	Der allgemeine Aufbau	86
2	Die Textanalyse erzählender Texte	88
2.1	Merkmale erzählender Texte	88
2.2	Erzählende Texte und ihre Interpretation	93
3	Die Textanalyse lyrischer Texte (Gedichte)	99
3.1	Merkmale lyrischer Texte	100
3.2	Lyrische Texte und ihre Interpretation	106
4	Die Textanalyse dramatischer Texte	109
4.1	Merkmale dramatischer Texte	109
4.2	Formen dramatischer Texte	111
4.3	Die Interpretation einer Dramenszene	115
5	Die Analyse von Sachtexten	115
5.1	Aufbau und Inhalt der Sachtextanalyse	116
5.2	Die Analyse einer Rede	117

Medien

	Kapitelübersicht	119
1	Die Zeitung	120
2	Das Internet	122
3	Das Hörspiel	123
4	Der Film	124

Register

126

GRAMMATIK

1 Die Wortarten		6
1.1 Das Substantiv (Nomen, Hauptwort)		6
1.2 Der Artikel (Begleiter)		8
1.3 Das Verb (Tätigkeitswort, Zeitwort)		9
1.3.1 Die Einteilung von Verben		9
1.3.2 Die unveränderlichen (infiniten) Verbformen		12
1.3.3 Die veränderlichen (finiten) Verbformen		13
■ BESONDERS NÜTZLICH		
Die Umwandlung vom Aktiv ins Passiv		19
■ BESONDERS NÜTZLICH		
Die direkte und indirekte Rede		22
1.4 Das Adjektiv (Eigenschaftswort)		24
1.5 Das Adverb (Umstandswort)		26
1.6 Das Pronomen (Stellvertreter, Fürwort)		27
1.7 Die Präpositionen (Verhältniswörter)		32
1.8 Die Konjunktionen (Bindewörter)		33
1.9 Das Numerale (Zahlwort, Zahladjektiv)		34
1.10 Die Interjektion (Ausrufe- und Empfindungswort)		34
2 Die Wortbildung		35
2.1 Die Zusammensetzung		35
2.2 Die Ableitung		35
2.3 Die Wortkürzung		36
3 Wortfamilie und Wortfeld		36
4 Der Satz		37
4.1 Die Satzglieder		37
■ BESONDERS NÜTZLICH		
Die Abgrenzung der Satzglieder		38
4.1.1 Das Subjekt (Satzgegenstand)		38
4.1.2 Das Prädikat (Satzaussage)		39
4.1.3 Das Objekt		39
■ BESONDERS NÜTZLICH		
Ein Satzgliedteil: das Attribut		41
4.1.4 Die adverbiale Bestimmung		42
■ BESONDERS NÜTZLICH		
Die Unterscheidung von adverbialer Bestimmung und Präpositionalobjekt		44
4.2 Die Satzarten		45
4.2.1 Der Aussagesatz (Deklarativsatz)		45
4.2.2 Der Fragesatz (Interrogativsatz)		45
4.2.3 Der Aufforderungssatz (Imperativsatz)		45
4.3 Die Satzformen		46
4.3.1 Der Hauptsatz		46
4.3.2 Der Nebensatz (Gliedsatz)		46
4.3.3 Die Satzreihe (Parataxe)		51
4.3.4 Das Satzgefüge (Hypotaxe)		52
■ BESONDERS NÜTZLICH		
Die Zeitenfolge im Satzgefüge		52

1 Die Wortarten

Wörter werden nach bestimmten Merkmalen in Klassen eingeteilt, die man **Wortarten** nennt. Die Wortarten wiederum werden in veränderbare **(flektierbare)** Formen und in unveränderbare **(unflektierbare)** Formen unterteilt.

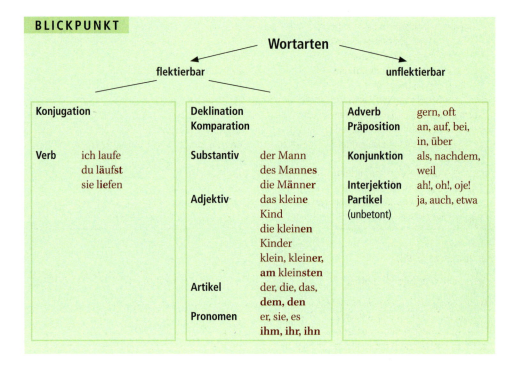

1.1 Das Substantiv (Nomen, Hauptwort)

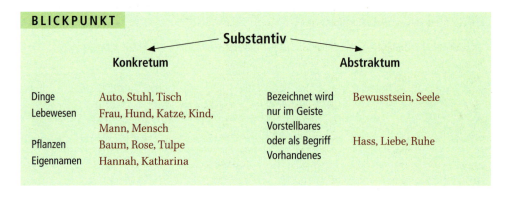

1.1 Das Substantiv (Nomen, Hauptwort)

Die Deklination
Die Anpassung der Form eines Substantivs in **Genus, Numerus** und **Kasus** wird Deklination genannt.

Das Genus (Geschlecht)

Merkmale und Besonderheiten

- Das Genus (Plural: Genera) eines Substantivs erkennt man an seinem bestimmten Artikel. Für die Substantive gibt es drei verschiedene Genera:
  - das männliche (**Maskulinum**),
  - das weibliche (**Femininum**) und
  - das sächliche (**Neutrum**).

  der Regen
  die Blume
  das Fenster

- Jedes Substantiv hat ein Genus, auch dann, wenn kein natürliches Geschlecht vorhanden ist.

  der Stuhl, die Tafel, das Sofa

- Bei einigen Substantiven stimmt das grammatische Geschlecht mit dem natürlichen Geschlecht überein.

  Maskulinum: der Mann, der Sohn, der Bruder
  Femininum: die Frau, die Tochter, die Schwester

- Oft stimmt das Genus aber nicht mit dem natürlichen Geschlecht von Lebewesen überein, oder die Personen können sowohl männlich als auch weiblich sein.

  das Mädchen
  Genus: Neutrum,
  natürliches Geschlecht: Femininum
  der Gast, die Waise, das Kind

Der Numerus (Zahl)

Merkmale und Besonderheiten

- Fast alle Substantive haben einen **Singular** (Einzahl) und einen **Plural** (Mehrzahl). Diese Kennzeichnung wird **Numerus** genannt.

  Buch – Bücher, Hund – Hunde,
  Kind – Kinder, Fuß – Füße,
  Lampe – Lampen, Handy – Handys

- Einige Substantive kommen nur im Singular vor.

  der Schnee, das Obst, die Milch, der Frieden

- Einige Substantive kommen nur im Plural vor.

  die Leute, die Eltern, die Ferien, die Masern

Pluralformen

Die Pluralformen von Substantiven werden auf viele unterschiedliche Arten gebildet. Sie unterscheiden sich durch die Endung einer Pluralform oder durch einen Wechsel des Vokals zu einem Umlaut:

Endung	Umlaut	Singular	Plural
-e	ohne	der Brief	die Brief**e**
-e	mit	der Ball	die B**ä**ll**e**
-en	ohne	die Tür	die Tür**en**
-n		die Tasche	die Tasche**n**
-er		das Kleid	die Kleid**er**
-er	mit	der Wald	die W**ä**ld**er**
-s	ohne	das Hotel	die Hotel**s**
ohne	mit	der Bruder	die Br**ü**der
ohne	ohne	der Lehrer	die Lehrer

GRAMMATIK

Der Kasus

Merkmale

- Jedes Substantiv innerhalb eines Satzes steht in einem bestimmten Kasus (Fall).
- Man unterscheidet vier Fälle: **Nominativ** (1. Fall), **Genitiv** (2. Fall), **Dativ** (3. Fall) und **Akkusativ** (4. Fall). Mithilfe von Fragewörtern lässt sich der jeweilige Kasus erfragen.

Der **Junge** staunt über die großen **Bäume** im **Garten** des **Nachbarn**.
    Nominativ   Akkusativ   Dativ   Genitiv

Kasus/Kasus erfragen

■ Nominativ / wer? was?	**Der Junge** malt ein schönes Bild. **Wer** malt ein schönes Bild? – Der Junge. **Das Auto** fährt um die Ecke. **Was** fährt um die Ecke? – Das Auto.
■ Genitiv / wessen?	Er benutzt die Stifte **seines Bruders**. **Wessen** Stifte benutzt er? – Die Stifte seines Bruders.
■ Dativ / wem?	Anschließend schenkt er das Bild **der Mutter**. **Wem** schenkt er das Bild? – Der Mutter.
■ Akkusativ / wen? was?	Sie bewundert **das Bild** und lobt **den Sohn**. **Was** bewundert sie? – Das Bild. **Wen** lobt sie? – Den Sohn.

1.2 Der Artikel (Begleiter)

Merkmale und Gebrauch

■ Der Artikel tritt immer mit einem Substantiv auf. Beide stimmen in **Genus** (Geschlecht), **Numerus** (Zahl) und **Kasus** (Fall) überein. ■ Man unterscheidet zwischen dem **bestimmten** und dem **unbestimmten Artikel**.	**der** Hund: Maskulinum, Singular, Nominativ **die** Katze: Femininum, Singular, Nominativ **das** Schaf: Neutrum, Singular, Nominativ bestimmt: **der** Mann, **die** Frau, **das** Kind unbestimmt: **ein** Mann, **eine** Frau, **ein** Kind
■ Der negative Artikel **kein, keine, keines** ist die Verneinung von **ein** und **irgendein** (↑ S. 30). Er hat die gleichen Formen wie das Possessivpronomen (↑ S. 29).	Ich habe **keinen** Hund. Ich habe **keine** Lust. **Keines** der Kinder wollte nach Hause gehen. Ich habe **keine** Großeltern mehr.

Der bestimmte Artikel

■ Der **Plural** des **bestimmten Artikels** hat in allen drei Geschlechtern die **gleiche Form**.	**die** Männer, **die** Frauen, **die** Kinder
■ Der **bestimmte Artikel** wird verwendet, wenn ein Substantiv in einem Text bereits einmal erwähnt wurde oder es als bekannt vorausgesetzt wird.	In den Ferien fuhren wir zu **einem** Waldsee. **Der** See lag etwa zwei Autostunden entfernt.

	Singular			Plural		
	Maskulinum	Femininum	Neutrum	Maskulinum	Femininum	Neutrum
Nominativ	der Mensch	die Frau	das Kind	die Menschen	Frauen	Kinder
Genitiv	des Menschen	der Frau	des Kindes	der Menschen	Frauen	Kinder
Dativ	dem Menschen	der Frau	dem Kind	den Menschen	Frauen	Kindern
Akkusativ	den Menschen	die Frau	das Kind	die Menschen	Frauen	Kinder

Der unbestimmte Artikel

- Der unbestimmte Artikel hat **keine Pluralform**.
- Der unbestimmte Artikel wird verwendet, wenn in einem Text ein Substantiv noch unbekannt, noch nicht festgelegt oder nicht wichtig ist.

Orangen und Zitronen sind Zitrusfrüchte.
In einem fernen Land lebte ein alter Drache.

Singular	Maskulinum	Femininum	Neutrum
Nominativ	ein Mensch	eine Frau	ein Kind
Genitiv	eines Menschen	einer Frau	eines Kindes
Dativ	einem Menschen	einer Frau	einem Kind(e)
Akkusativ	einen Menschen	eine Frau	ein Kind

1.3 Das Verb (Tätigkeitswort, Zeitwort)

Das Verb ist innerhalb eines Satzes besonders wichtig. Von allen Wortarten weist es die meisten Formveränderungen (**finite Verbformen**) auf, nur wenige Verbformen sind unveränderlich (**infinite Verbformen**).

1.3.1 Die Einteilung von Verben

Verben können nach ihrer **Bedeutung**, nach ihrer **Selbstständigkeit** und nach ihrer **Verbindung** mit anderen Satzteilen und Wortarten eingeteilt werden.

Die Bedeutung von Verben
Manche Verben lassen sich den folgenden Gruppen nicht eindeutig zuordnen.

- **Tätigkeitsverben** beschreiben eher eine Tätigkeit,   arbeiten, essen, hören, kämmen, malen, waschen
- **Vorgangsverben** eher einen Vorgang/Verlauf und   aufstehen, einschlafen, regnen, wachsen
- **Zustandsverben** eher einen Zustand.   besitzen, bleiben, enthalten, sein, liegen

Die Selbstständigkeit von Verben: Vollverben, Hilfsverben und Modalverben

Vollverben

Vollverben können im Satz sinnvoll allein stehen.	lesen/schlafen:	Ich **lese** ein Buch. Sie **schläft**.

Hilfsverben

Es gibt im Deutschen drei Hilfsverben: haben, sein, werden.

■ Hilfsverben bilden zusammen mit den Vollverben das Passiv und bestimmte Zeitformen: – Perfekt, – Plusquamperfekt, – Futur I, – Futur II.	Passiv: Das Paket wird getragen. **haben/werden** **sein/werden** ich habe geschlafen wir sind gelaufen ich hatte geschlafen wir waren gelaufen ich werde schlafen wir werden laufen ich werde geschlafen wir werden gelaufen haben sein
■ In bestimmten Bedeutungen können Hilfsverben auch als Vollverben verwendet werden.	Ich **habe** zwei kleinere Geschwister. Was **ist** los? Wenn ich groß bin, **werde** ich Tierärztin.

Konjugation

Infinitiv	**haben**	**sein**	**werden**
Präsens	ich habe du hast er/sie/es hat wir haben ihr habt sie haben	ich bin du bist er/sie/es ist wir sind ihr seid sie sind	ich werde du wirst er/sie/es wird wir werden ihr werdet sie werden
Präteritum	ich hatte du hattest (...)	ich war du warst (...)	ich wurde du wurdest (...)
Partizip I	habend	seiend	werdend
Partizip II	gehabt	gewesen	(Vollverb:) geworden (Hilfsverb:) worden

Modalverben

Es gibt im Deutschen sechs Modalverben: können, dürfen, müssen, mögen, sollen, wollen.

■ Modalverben verfeinern die Aussage über die Art und Weise einer Handlung.	Wir fangen an. Wir **sollen** anfangen.
■ Modalverben stehen in der Regel in Verbindung mit einem Vollverb im Infinitiv.	Er **kann** laufen. Ich **darf** kommen.

■ Sie haben unterschiedliche Bedeutungen:
  können: Möglichkeit/Fähigkeit
  dürfen: Erlaubnis
  müssen: Pflicht/Notwendigkeit
  mögen: (höflicher) Wunsch
  sollen: Verpflichtung
  wollen: Wunsch/Absicht
	Wir **könnten** jetzt gehen. / Ich **kann** singen.
	Wir **dürfen** heute Nachmittag spielen.
	Wir **müssen** den Termin absagen.
	Ich **möchte** jetzt nach Hause gehen.
	Wir **sollen** um vier Uhr in der Sporthalle sein.
	Er **will** morgen Abend ins Kino gehen.

■ Modalverben können das Prädikat auch allein bilden. Der Infinitiv wird »hinzugedacht«.	Er **will** schon nach Hause (gehen). Sie **möchte** noch ein Glas Wasser (haben).
■ In der Bedeutung **etwas gerne haben** wird **mögen** als Vollverb verwendet.	Ich **mag** Torte. Ich **mag** dich.

1.3 Das Verb (Tätigkeitswort, Zeitwort) | 11

Besonderheiten der Konjugation

■ Die Formen im **Perfekt, Plusquamperfekt** und **Futur II** werden nicht mit dem Partizip II, sondern mit dem **Infinitiv** gebildet. Es folgen hier also zwei Infinitive aufeinander.	Perfekt: Plusquamperfekt: Futur II:	Ich habe **kommen wollen.** Er hatte **bleiben dürfen.** Sie wird ihn nicht gehört **haben können.**
■ Dies gilt nicht für Modalverben, die als Vollverb verwendet werden.	Perfekt: Plusquamperfekt: Futur II:	Er **hat** ins Kino **gewollt.** Sie **hatte** nicht **gewollt.** Sie **wird** nicht **gewollt haben.**

Verben in Verbindung mit anderen Satzteilen und Wortarten: transitive und intransitive Verben sowie reflexive Verben

Transitive und intransitive Verben

Transitive Verben sind Verben, die ein Akkusativobjekt (↑ S. 40) bei sich haben und das Passiv bilden können.	Sie liebt **ihr Kind.** (Wen liebt sie?) Ich esse **einen Apfel.** Du liest **ein Buch.**
Intransitive Verben sind Verben, ■ die ohne Objekt stehen, ■ die kein Akkusativobjekt haben, ■ die ein Objekt im Dativ oder Genitiv oder ein Präpositionalobjekt (↑ S. 40–41) nach sich ziehen. ■ Alle reflexiven Verben sind intransitiv.	 Das Mädchen **schweigt.** Ich **schlafe.** Man kann **dem Schicksal** nicht entrinnen. Wir gedenken **der Verstorbenen.** Sie stehen **auf der Brücke.** Wir **beeilen uns.**

Transitive oder intransitive Verben

Viele Verben können sowohl transitiv mit Akkusativobjekt als auch intransitiv verwendet werden.	Sie kocht **eine Suppe.** Sie kocht **gerne.** Er schreibt **ein Buch.** Ich schreibe **dir.**

Reflexive Verben

Reflexive Verben sind Verben, die ein Reflexivpronomen (↑ S. 28) bei sich haben. Reflexiv bedeutet rückbezüglich: Das Pronomen bezieht sich auf das Subjekt des Satzes zurück.	ich ... **mich,** du ... **dich,** er/sie/es ... **sich,** wir ... **uns,** ihr ... **euch,** sie ... **sich** Er bedankte sich.
■ **Echte reflexive Verben** Echte reflexive Verben können nur zusammen mit dem Reflexivpronomen auftreten. Es kann nicht weggelassen oder gegen ein anderes Pronomen oder Substantiv ausgetauscht werden. Sie können auch kein Passiv bilden.	Ich **beeile mich.** Ein Wunder **ereignet sich.** Wir nähern **uns.**
■ **Unechte reflexive Verben** An die Stelle des Reflexivpronomens kann eine andere entsprechende Ergänzung treten. Sie können das Passiv bilden.	reflexiv: Sie wäscht sich. nicht reflexiv: Sie wäscht das Kind. Das Kind wird (von ihr) gewaschen.

GRAMMATIK

1.3.2 Die unveränderlichen (infiniten) Verbformen

Infinite Verbformen sind Verben ohne Personal- und Tempusformen, ohne Modus und Genus Verbi (↑ Grafik S. 13). Sie verändern ihre Form also nicht und sind unabhängig vom Subjekt. Dazu zählen der **Infinitiv** sowie das **Partizip I** und **II**.

Der Infinitiv (Grundform, Nennform)

Merkmale, Form und Gebrauch

■ Der Infinitiv ist die Grundform oder Nennform des Verbs und gibt dessen Bedeutung an.	sprechen, sitzen, lieben
■ Er besteht aus dem **Wortstamm** und der Endung **-en**. Einige Verben enden auf **-eln** oder **-ern**. ■ Wenn man bei einem Infinitiv die Endung wegstreicht, erhält man den Wortstamm. Ausnahmen: **sein** → ich **bin**, **tun** → ich **tue**.	bleiben, denken, gehen, schreien, sitzen, tragen ähneln, basteln, klettern, hungern, wandern lauf~~en~~ → Wortstamm: lauf-
■ Der Infinitiv wird zur Bildung des Futur I verwendet. ■ Das Vollverb steht in Verbindung mit einem Modalverb (↑ S. 10) im Infinitiv. ■ Ein Infinitiv kann als Substantiv verwendet werden (substantivierter Infinitiv). Er wird dann wie alle anderen Substantive großgeschrieben. ■ Infinitive können auch Kern einer Infinitivgruppe sein (erweiterter Infinitiv). Diese können durch Infinitivkonjunktionen (↑ S. 34) wie **um, ohne** oder **anstatt** eingeleitet werden.	Wir werden morgen nach Köln **fahren**. Kannst du das für mich **machen**? Ich muss aber erst **nachfragen**. **(Das) Lesen** macht mir großen Spaß. **Beim Radfahren** sollte man immer einen Helm aufsetzen. Ich bin da, **um** dir **zu helfen**. **Ohne zu schauen**, lief er über die Straße. Sie betraten den Konzertsaal, **anstatt auf ihre Eltern zu warten**.

Das Partizip I

Bildung

Das Partizip I kann auf **zwei Arten** hergeleitet werden: ■ Es wird gebildet aus dem **Wortstamm** und der Endung **-end**. Verben, die im Infinitiv auf **-eln** oder **-ern** enden, bilden das Partizip entsprechend. Ausnahmen: **sein** → **seiend**; **tun** → **tuend**	les-**end**, schlaf-**end**, sing-**end**, lauf-**end** wimm-**elnd**, flimm-**ernd**, zwitsch-**ernd**

Gebrauch

Das Partizip I wird verwendet: ■ als **Adjektiv** (und wird dann auch wie ein Adjektiv dekliniert), ■ als **Adverb** (und ist dann wie ein Adverb auch unveränderlich), ■ als **Substantiv** (und wird dann auch wie ein Substantiv dekliniert und großgeschrieben), ■ als Partizipgruppe anstelle eines **Satzes**.	Der **bröckelnde** Putz ärgert den Hausbesitzer. Der Ball lag im **angrenzenden** Garten. Die Eltern fanden ihre Kinder **schlafend**. Der Großvater sitzt **lesend** im Garten. Zurzeit werden noch **Auszubildende** gesucht. Die **Reisenden** nach Paris bitte einsteigen! **Ein Lied pfeifend** geht er vergnügt nach Hause. (statt: **Während er ein Lied pfeift**, …)

Das Partizip II

Bildung

- Das Partizip II wird in der Regel mit der **Vorsilbe (Präfix) ge-** gebildet.
- Die **Endung -t** wird bei regelmäßigen Verben und Verben mit gemischter Konjugation (↑ S. 14) angefügt. Bei unregelmäßigen Verben (↑ S. 14) endet es auf **-en**.
- Die Partizipien der Verben mit den Präfixen **be-, emp-, ent-, er-, ge-, miss-, ver-, zer-** werden ohne **ge-** gebildet. Ebenso die der Verben auf **-ieren**.
- Bei zusammengesetzten Verben steht der Verbzusatz (häufig eine Präposition) vor **ge-**.

gemacht, **ge**kauft, **ge**laufen

regelmäßige Verben: ge**sucht**, ge**weckt**
Verben mit Mischform: ge**brannt**, ge**nannt**
unregelmäßige Verben: ge**schrieben**, ge**schlafen**, ge**bunden**

bestellt, **ent**setzt, **er**zählt, **ge**braucht, **miss**verstanden, **ver**liebt, **zer**kleinert, stud**ieren** – stud**iert**
aufmachen – **auf**gemacht

Gebrauch

Das Partizip II wird verwendet:

- zur Bildung der **zusammengesetzten Zeiten**
  – Perfekt,
  – Plusquamperfekt,
  – Futur II,

- zur Bildung des **Passivs**,
- als **Adjektiv** (und wird dann auch wie ein Adjektiv dekliniert),
- als **Adverb** (und bleibt dann auch wie ein Adverb unverändert),
- als **Substantiv** (und wird dann wie ein Substantiv dekliniert und großgeschrieben),
- als Partizipgruppe anstelle eines **Satzes**.

ich habe **geschrieben**, wir sind **gelaufen**
ich hatte **geschrieben**, wir waren **gelaufen**
ich werde **geschrieben** haben, wir werden **gelaufen** sein

ich werde **getragen**, wir wurden **gerufen**
Das **reparierte** Fahrrad steht im Keller.
Dem **gebügelten** Hemd fehlt ein Knopf.
Die Zeitung liegt **gefaltet** im Zeitungskorb.
Die Flasche steht **geöffnet** auf dem Tisch.
Die **Abgeordneten** betreten den Plenarsaal.
Die **Geschworenen** sitzen im Gerichtssaal.
Von den Eltern gelobt kostete er seinen Erfolg aus. (statt: **Nachdem er von den Eltern gelobt worden war, ...**)

1.3.3 Die veränderlichen (finiten) Verbformen

Als finite Verbformen bezeichnet man Verben mit Formveränderungen (konjugierbare Verben), die fünf verschiedene Merkmale aufweisen:

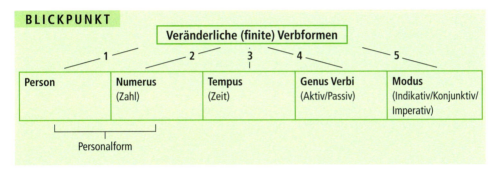

Die Bildung der Stammformen

Wenn man die drei Verbformen ■ Infinitiv (↑ S. 12), ■ 1. Person Singular Präteritum (↑ S. 16) und ■ Partizip II (↑ S. 13) kennt, kann man alle anderen Verbformen ganz leicht bilden. Man nennt diese Formen deshalb auch die Stammformen eines Verbs. Der Infinitiv gibt den **Präsensstamm** an.	sagen kommen nennen sagte kam nannte gesagt gekommen genannt Infinitiv: sag**en** Präsensstamm: **sag-** Infinitiv: schreib**en** Präsensstamm: **schreib-**

Die Konjugation

Nach der Art der Konjugation (Beugung) unterscheidet man regelmäßige und unregelmäßige Verben sowie Verben mit Mischformen. Die **wichtigsten Unterschiede** in der Konjugation der Verben bestehen in den Formen des **Präteritums** und des **Partizips II**.

Die **regelmäßige (schwache) Konjugation** bildet ■ das Präteritum (↑ S. 16) mit der Silbe **-te**, ■ das Partizip II (↑ S. 16) mit der Vorsilbe **ge-** und der Endung **-t**.	ich glaub**te**, du glaub**test**, er/sie/es glaub**te** **ge**glaub**t**, **ge**koch**t**, **ge**leg**t**
Bei der **unregelmäßigen (starken) Konjugation** ■ verändert sich im Präteritum der **Stammvokal** (z. B. **i/a-** oder **ie/o**-Wechsel), ■ wird das Partizip II mit der Vorsilbe **ge-** und der Endung **-en** gebildet.	finden – ich f**a**nd fliegen – ich fl**o**g **ge**fund**en** **ge**flog**en**
Verben gehören der **gemischten Konjugation** an, wenn sie Elemente der regelmäßigen und der unregelmäßigen Konjugation mischen: ■ Im Präteritum wird der **Stammvokal verändert** und die Silbe **-te** angefügt. ■ Das Partizip II bilden sie mit der Vorsilbe **ge-** und der Endung **-t** und es **verändert sich** der **Stammvokal**.	nennen – (ich) n**a**nn**te** brennen – br**a**nn**te** **ge**n**a**nn**t** **ge**br**a**nn**t**

Die Personalform: Person und Numerus (Zahl)

Merkmale

■ Die Verbform, die in Person und Numerus bestimmt ist, heißt Personalform. Sie richtet sich immer nach Person und Numerus des Subjekts. ■ Es gibt **drei Personen** und zwei Numeri: **Singular** (Einzahl) und **Plural** (Mehrzahl): Singular Plural – 1. Person: ich wir – 2. Person: du ihr – 3. Person: er/sie/es sie	ich **laufe**, wir **singen**, du **sagtest**, du **hast gesagt** Leah singt. 3. Person Singular Leah und Sarah singen. 3. Person Plural

1.3 Das Verb (Tätigkeitswort, Zeitwort)

Das Tempus (Zeitform)

Im Deutschen gibt es sechs Tempora (Tempusformen, Zeitformen): **Präsens, Perfekt, Präteritum, Plusquamperfekt, Futur I und Futur II.** Mithilfe dieser Zeitformen lassen sich Gegenwärtiges, Vergangenes und Zukünftiges ausdrücken. Aus grammatischer Sicht teilt man diese Zeitformen auch in **einfache** und **zusammengesetzte Tempusformen** ein: Präsens und Präteritum sind einfache, Perfekt, Plusquamperfekt und Futur I und II sind zusammengesetzte Zeiten, da sie mit dem Partizip II oder dem Infinitiv sowie den Hilfsverben »haben«, »sein« und »werden« gebildet werden.

Das Präsens (Gegenwartsform)

Das Präsens bezeichnet:	
■ ein Geschehen, das sich gerade ereignet. ■ Aussagen, die allgemein und immer gültig sind. ■ ein Geschehen, das in der Zukunft liegt. Häufig drückt ein Zeitadverb im Satz aus, dass es sich um ein zukünftiges Geschehen handelt.	Er **liest** ein Buch. Der Juli **hat** 31 Tage. Morgen **gehe** ich wieder in die Schule.
■ Das Präsens wird mit dem Wortstamm (Präsensstamm) und den Personalendungen **-e, -st, -t, -en, -t, -en** gebildet. ■ Das Präsens wird allein durch das Vollverb gebildet. Es wird daher auch **einfache Tempusform** genannt.	ich schreibe wir schreib**en** du schreib**st** ihr schreib**t** er/sie/es schreib**t** sie schreib**en**

Das Perfekt (vollendete Gegenwartsform)

Das Perfekt bezeichnet:	
■ ein Geschehen, das zwar in der Vergangenheit abgeschlossen ist, dessen Folgen oder Ergebnis aber noch bis in die Gegenwart reichen. Es wird deshalb auch **vollendete Gegenwart** genannt. ■ die Vorzeitigkeit, wenn es zusammen mit dem Präsens vorkommt. Das Perfekt drückt aus, was vor der aktuellen Handlung passiert ist.	Ich **habe** in dieser Nacht acht Stunden **geschlafen.** (Folge: Ich bin jetzt fit.) Es **hat** die ganze Nacht **geregnet.** (Ergebnis: Der Rasen ist nun völlig aufgeweicht.) Nachdem der Esel **entlaufen ist,** müssen wir ihn nun suchen.
■ Die Form des Perfekts besteht aus zwei Bestandteilen. Man spricht deshalb von einer **zusammengesetzten Tempusform.** ■ Es wird mit einer konjugierten Form der Hilfsverben **haben** oder **sein** und dem **Partizip II** gebildet.	ich **habe** geschlafen ich **bin** gelaufen du **hast** geschlafen du **bist** gelaufen er/sie/es **hat** geschlafen er/sie/es **ist** gelaufen wir **haben** geschlafen wir **sind** gelaufen ihr **habt** geschlafen ihr **seid** gelaufen sie **haben** geschlafen sie **sind** gelaufen

Das Präteritum (Vergangenheitsform)

Das Präteritum bezeichnet: ■ ein vergangenes und abgeschlossenes Geschehen, ■ das sogenannte **Erzähltempus**, wie es in Märchen, Erzählungen oder Romanen verwendet wird.	Ich **aß** gestern einen Apfel. Es **war** einmal ein König, der **lebte** in einem alten Schloss.

An der Bildung der Präteritumformen erkennt man die Konjugationsklasse, zu der ein Verb gehört:
■ Regelmäßige Verben bilden das Präteritum mit dem Präsensstamm und der Silbe **-te**.
■ Unregelmäßige Verben bilden das Präteritum mit der **Veränderung des Stammvokals**.
■ Verben mit Mischformen bilden das Präteritum mit der **Veränderung des Stammvokals** und der Anfügung von **-te**.
	ich glaub**te**, du glaub**test**
	
	schlafen: Wortstamm: schlaf-
	           Präteritum: ich schl**ie**f
	nennen: Wortstamm: nenn-
	          Präteritum: ich n**a**nn**te**

Personalendungen:
■ Bei den regelmäßigen Verben und den Verben der Mischklasse haben die 1. und 3. Person Singular keine Personalendung. In der 2. Person Singular, der 1., 2. und 3. Person Plural wird **-st, -n, -t, -n** angefügt.
■ Bei den unregelmäßigen Verben sind die 1. und 3. Person Singular ebenfalls endungslos. In der 2. Person Singular, der 1., 2. und 3. Person Plural wird **-st, -en, -t, -en** angefügt.
	sagen: ich sagte, du sagte**st**, sie sagte,
	       wir sagte**n**, ihr sagte**t**, sie sagte**n**
	
	rufen: ich rief, du rief**st**, sie rief, wir rief**en**,
	       ihr rief**t**, sie rief**en**

Das Plusquamperfekt (vollendete Vergangenheitsform)

Das Plusquamperfekt wird fast nur in Verbindung mit dem Präteritum gebraucht und bezeichnet dann die **Vorzeitigkeit** zum Geschehen in der Vergangenheit.	Sie unterhielten sich noch lange. Vorher **hatten** sie ausgiebig **gegessen**. Nachdem er die Flasche **ausgetrunken hatte**, brachte er sie in die Küche.
Das Plusquamperfekt wird gebildet mit dem **Präteritum** der Hilfsverben **haben** oder **sein** und dem **Partizip II**. Die Formen des Plusquamperfekts sind daher **zusammengesetzte Formen**.	ich **hatte** geschlafen ich **war** gelaufen du **hattest** geschlafen du **warst** gelaufen er/sie/es **hatte** geschlafen er/sie/es **war** gelaufen wir **hatten** geschlafen wir **waren** gelaufen ihr **hattet** geschlafen ihr **wart** gelaufen sie **hatten** geschlafen sie **waren** gelaufen

Das Futur I (Zukunftsform)

Das Futur I bezeichnet: ■ ein Geschehen, das noch nicht stattgefunden hat, ■ eine Vermutung, ■ eine nachdrückliche Aufforderung.	Ich **werde** dich nächste Woche **besuchen**. Das **wird** nicht gut **gehen**. Du **wirst** jetzt damit **aufhören**!
Das Futur I wird gebildet mit der konjugierten Form des Hilfsverbs **werden** und dem **Infinitiv** des Vollverbs. Die Formen des Futurs I sind **zusammengesetzte Formen**.	ich **werde** schlafen wir **werden** schlafen du **wirst** schlafen ihr **werdet** schlafen er/sie/es **wird** schlafen sie **werden** schlafen

1.3 Das Verb (Tätigkeitswort, Zeitwort)

Das Futur II (vollendete Zukunftsform)

Das Futur II bezeichnet ein Geschehen, das in der Zukunft als bereits abgeschlossen angesehen wird. Es wird allerdings nur selten verwendet und häufig durch das Perfekt ersetzt.	Wenn du wieder da bist, **werden** wir schon **umgezogen sein.** Wenn du wieder da bist, **sind** wir schon **umgezogen.**
Das Futur II wird gebildet mit den **Futurformen** der Hilfsverben **haben** oder **sein** und dem **Partizip II**. Es handelt sich also um eine **zusammengesetzte Verbform,** die aus drei Teilen besteht.	ich werde geschlafen haben ich werde gelaufen sein du wirst geschlafen haben du wirst gelaufen sein er/sie/es wird geschlafen haben er/sie/es wird gelaufen sein wir werden geschlafen haben wir werden gelaufen sein ihr werdet geschlafen haben ihr werdet gelaufen sein sie werden geschlafen haben sie werden gelaufen sein

Aktiv und Passiv

Gebrauch und Bildung

Das Aktiv und das Passiv drücken unterschiedliche Blickrichtungen aus: je nachdem, ob das Interesse auf dem, der etwas tut, (Subjekt) liegt oder ob eher das Geschehen in den Vordergrund gerückt werden soll. ■ Verbformen im **Aktiv** betonen den Täter oder Urheber einer Handlung oder eines Geschehens. ■ Verbformen im **Passiv** betonen einen Vorgang.	**Der Gitarrenspieler** stimmt seine Gitarre. **Die Gitarre wird** vom Gitarrenspieler **gestimmt.** **Die Angestellten** organisieren ein Sommerfest. **Das Meer** umspült die Klippen. **Das Sommerfest wird** von den Angestellten **organisiert.** **Die Klippen werden** vom Meer **umspült.**
■ Die Passivformen werden gebildet mit der konjugierten Form des Hilfsverbs **werden** und dem **Partizip II**.	ich werde gelobt ich wurde gelobt ich bin gelobt worden ich war gelobt worden ich werde gelobt werden ich werde gelobt worden sein
■ Das Passiv kann nur von **transitiven Verben** (↑ S. 11) gebildet werden.	transitive Verben: (ein Kind) loben, (ein Lied) singen, (einen Brief) schreiben intransitive Verben: helfen, schlafen, warten, zittern
■ Echte **reflexive Verben** sind immer intransitiv und können kein Passiv bilden (↑ S. 11). ■ Auch Verben, die das Perfekt mit **sein** bilden, haben keine Passivformen.	Er **ärgert sich** über den Stau. Wir **sind** die ganze Strecke **gelaufen.**

Täterabgewandtes und täterloses Passiv

Täterabgewandtes Passiv
- Wenn der Täter oder Urheber einer Handlung genannt wird, spricht man vom täterabgewandten Passiv, da der Täter im Passivsatz eine geringere Bedeutung hat als im Aktivsatz. Der Täter wird durch einen Ausdruck mit den Präpositionen **von** oder **durch** genannt.

Der Schneemann wurde **von den Kindern** gebaut.
Die Spielsachen werden **von mir** weggeräumt.
Im Garten wurden die schönen Sommerblumen **von den Kindern** abgepflückt. Das Gebäude wird **durch Polizeibeamte** gesichert.

Täterloses Passiv
- Ein täterloses Passiv liegt vor, wenn ein Täter oder Urheber einer Handlung nicht genannt wird, entweder weil er unbekannt ist, nicht genannt werden soll oder weil er unwichtig ist, wie z. B. in Gebrauchsanweisungen.

In dieser Nacht wurde die Fensterscheibe eingeworfen.
Die Gläser sind zerbrochen worden.
Dann werden die Verbindungsstücke in die Seitenwände eingefügt.

Vorgangspassiv und Zustandspassiv

Vorgangspassiv
- Das Vorgangspassiv beschreibt einen Vorgang oder eine Handlung. Der Handelnde muss dabei nicht genannt werden.
Wenn er jedoch genannt wird, wird er mit **von** oder **durch** angeschlossen.
- Es wird mit der konjugierten Form von **werden** und dem Partizip II gebildet.

Die Tür **wird geöffnet**. Die Suppe **wurde gekocht**.
Die Rechnung ist **von mir** bezahlt worden. Das Haus ist **durch** Bomben im Zweiten Weltkrieg zerstört worden.
er **wird** gelobt, er **wurde** gelobt, er **ist** gelobt worden ...

Zustandspassiv
- Das Zustandspassiv beschreibt einen Zustand oder ein Ergebnis als Folge eines Vorgangs.
- Es wird mit der konjugierten Form von **sein** und dem Partizip II gebildet.

Die Tür **ist geöffnet**. (Sie steht also auf.) Das Rätsel **war gelöst**. Der Antrag **ist** bereits **abgelehnt**. Das Stadtgebiet **war** wegen des Marathonlaufs weiträumig **abgesperrt**.

	Vorgangspassiv (Indikativ)	Zustandspassiv (Indikativ)
	werden + Partizip II	**sein** + Partizip II
Präsens:	ich werde gelobt	sie (die Tür) ist geschlossen
Präteritum:	ich wurde gelobt	sie war geschlossen
Perfekt:	ich bin gelobt worden	sie ist geschlossen gewesen
Plusquamperfekt:	ich war gelobt worden	sie war geschlossen gewesen
Futur I:	ich werde gelobt werden	sie wird geschlossen sein
Futur II:	ich werde gelobt worden sein	sie wird geschlossen gewesen sein

Persönliches und unpersönliches Passiv

Persönliches Passiv
- Beim persönlichen Passiv wird derjenige, der von der Handlung betroffen ist, genannt und ist **Subjekt** des Satzes.

Der Patient wird geheilt. **Die Schülerin** wird gelobt. **Die Zeitung** wurde von allen gelesen.

Unpersönliches Passiv
- Beim unpersönlichen Passiv wird derjenige, der von der Handlung betroffen ist, nicht genannt. Stattdessen steht **es** als Platzhalter für das Subjekt.
- **Es** kann aber auch fehlen.

Es wird die ganze Zeit geflüstert. **Es** wurde ständig gesungen. **Es** ist immer wieder geklatscht worden.
Da wird die ganze Zeit geflüstert. Ständig wurde gesungen. Oft ist geklatscht worden.

BESONDERS NÜTZLICH
Die Umwandlung vom Aktiv ins Passiv

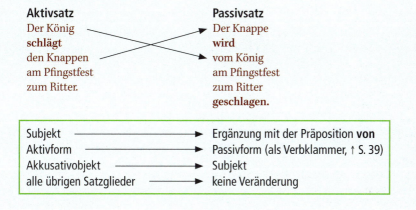

Der Modus (Aussageweise)

Verben können durch ihren Modus ausdrücken, ob es sich um eine reale **Tatsache,** einen **Wunsch** oder eine **Aufforderung** handelt. Man unterscheidet deshalb drei Modi: den **Indikativ** (Wirklichkeitsform), den **Konjunktiv** (Möglichkeitsform) und den **Imperativ** (Befehlsform).

Der Indikativ

Gebrauch
- Der Indikativ ist als neutraler Modus des Verbs die Grund- oder Normalform einer sprachlichen Äußerung.
- Der Indikativ wird verwendet, um tatsächliche Begebenheiten und Sachverhalte darzustellen.
- Diese Sachverhalte können aber auch wie im Märchen »nur« ausgedacht oder allgemeingültig sein.

Die Kinder **spielen** im Garten. Sie **werfen** sich gegenseitig den Ball **zu** und **sitzen** später zusammen im Sandkasten. Vom Himmel **scheint** die warme Frühlingssonne auf sie herab. Sie **haben** ihre dicken Jacken **ausgezogen.**
Rumpelstilzchen **sprang** um das Feuer und **sang** dabei sein Lied.
Lügen **haben** kurze Beine.

Der Konjunktiv I

Gebrauch und Bildung

- Der Konjunktiv I wird vorwiegend in der Schriftsprache verwendet.
- Der **Konjunktiv I** wird in Aussagen verwendet, die einen Wunsch, eine Aufforderung oder einen Ausruf ausdrücken. In dieser Funktion wird er in erster Linie in Anleitungen und Anweisungen verwendet.
- Man gebraucht die Formen des Konjunktivs I in der **indirekten Rede**.
  Oft wird in der gesprochenen Sprache auf den Konjunktiv I verzichtet und stattdessen der Indikativ gesetzt, wenn der Nebensatz durch **dass** oder ein **Fragewort** eingeleitet wird.

Er **ruhe** in Frieden.
Man **nehme** drei Eier.
Sie **lebe** hoch!
Man **nehme** drei Eier und **schlage** sie schaumig.
Er sagte, er **habe** den Film gestern gesehen.

Sie hat gesagt, **dass** sie für niemanden zu sprechen **ist**.
Er hat gefragt, **wann** er kommen **soll**.

- Der Konjunktiv I wird vom **Präsensstamm** (↑ S. 14) des Verbs gebildet mit den Endungen **-e, -est, -en** oder **-et**.
- Der Konjunktiv I kann sich auf die Zeitstufen der **Gegenwart**, der **Vergangenheit** und der **Zukunft** beziehen. Entsprechend gibt es die Formen des Konjunktivs I in den Tempusformen Präsens, Perfekt und Futur.

ich frag**e**, du frag**est**, er/sie/es frag**e**, wir frag**en**, ihr frag**et**, sie frag**en**

Sie sagt, sie **gehe** gerade spazieren.
Sie sagt, sie **sei** gestern spazieren **gegangen**.
Sie sagt, sie **werde** morgen spazieren **gehen**.

Konjugation im Aktiv

Indikativ Präsens	Konjunktiv I Präsens	Konjunktiv I Perfekt	Konjunktiv I Futur I	Konjunktiv I Futur II
ich frage	ich frage	ich habe gefragt	ich werde fragen	ich werde gefragt haben
du fragst	du fragest	du habest gefragt	du werdest fragen	du werdest gefragt haben
er/sie/es fragt	er/sie/es frage	er/sie/es habe gefragt	er/sie/es werde fragen	er/sie/es werde gefragt haben
wir fragen	wir fragen	wir haben gefragt	wir werden fragen	wir werden gefragt haben
ihr fragt	ihr fraget	ihr habet gefragt	ihr werdet fragen	ihr werdet gefragt haben
sie fragen	sie fragen	sie haben gefragt	sie werden fragen	sie werden gefragt haben

1.3 Das Verb (Tätigkeitswort, Zeitwort) | 21

Der Konjunktiv II

Gebrauch und Bildung

- Der Konjunktiv II wird als Ausdruck der **Nichtwirklichkeit** verwendet. Die Formen des Konjunktivs II kennzeichnen eine Aussage als unwirklich oder irreal und als nur vorgestellt.
- In **Wunschsätzen** drückt der Konjunktiv II aus, dass der Wunsch unerfüllbar ist.
- In **Konditionalsätzen** (Bedingungssätzen) drückt der Konjunktiv II besonders häufig Irrealität (Unwirklichkeit) aus. Man nennt diese Sätze **irreale Bedingungssätze**.
- Der Konjunktiv II wird in **höflichen Aufforderungen** oder **vorsichtigen Feststellungen** verwendet.

Wir **säßen** gerne im Eiscafe.
Stell dir vor, morgen **wäre** dein Geburtstag.

Vor der Prüfung: **Wäre** die Stunde doch schon vorbei! **Hätte** ich es nur schon hinter mir!
Wenn ich das Buch **hätte**, **gäbe** ich es dir zurück. (Aber ich habe es nicht.)
Wenn wir Ferien **hätten**, **wäre** ich noch mitgegangen. (Aber es sind keine Ferien.)
Könnten Sie das noch einmal wiederholen?
So **könnte** es gehen.

- Der Konjunktiv II wird gebildet vom **Präteritumstamm** des Verbs mit den Endungen **-e, -est, -en** oder **-et**. Bei starken Verben wird der Stammvokal zu einem Umlaut.
- Der Konjunktiv II kann sich auf die **Gegenwart,** die **Vergangenheit** und die **Zukunft** beziehen.

ich fragt**e**, du fragt**est**, er/sie/es/fragt**e**,
wir fragt**en**, ihr fragt**et**, sie fragt**en**
nahm → ich nähme, flog → du flögest,
tat → er/sie/es täte, hatte → wir hätten
Wir **kämen** gerne, wenn wir **könnten**.
Wir **wären** gestern gerne **gekommen**.
Wir **würden** morgen gerne **kommen**.

Konjugation im Aktiv

Indikativ	Konjunktiv II der Gegenwart	Konjunktiv II der Vergangenheit
ich komme	ich käme	ich wäre gekommen
...	du kämest	du wärest gekommen
	er/sie/es käme	er/sie/es wäre gekommen
Präteritumstamm:	wir kämen	wir wären gekommen
kam- + Umlaut = käm-	ihr kämet	ihr wäret gekommen
	sie kämen	sie wären gekommen

Umschreibung des Konjunktivs II mit **würde**

- Bei allen schwachen Verben und bei einigen starken Verben sind die Formen des Konjunktivs II nicht von den Formen des Indikativs im Präteritum zu unterscheiden. Die Umschreibung mit **würde** kennzeichnet den Konjunktiv II eindeutig.
- Die Umschreibung wird verwendet, wenn die Form des Konjunktivs II ungebräuchlich oder veraltet ist.
- Die Umschreibung wird gebildet mit der Konjunktiv-II-Form des Hilfsverbs **werden** (**würde**) und dem Infinitiv des Vollverbs.

Indikativ	Konjunktiv II
ich **machte**	ich **machte**
	(ich würde machen)
du **machtest**	du **machtest**
	(du würdest machen)
er/sie/es **machte**	er/sie/es **machte**
	(er/sie/es würde machen)

Konjunktiv II: er böte
Umschreibung: er **würde** bieten
ich **würde** machen, du **würdest** machen, er/sie/es **würde** machen

GRAMMATIK

1 Die Wortarten

> **BESONDERS NÜTZLICH**
> **Die direkte und indirekte Rede**

Mit der indirekten Rede werden Äußerungen eines anderen Sprechers wiedergegeben.

- Man verwendet in der indirekten Rede die Formen des Konjunktivs.
  Grundsätzlich wird in der indirekten Rede der **Konjunktiv I** verwendet.

direkte Rede	indirekte Rede
Er sagt: »Sina trinkt am liebsten Milch.«	Er sagt, Sina **trinke** am liebsten Milch.

  Wenn die Formen des Indikativs und des **Konjunktivs I** übereinstimmen, benutzt man als Ersatz die Formen des **Konjunktivs II**.

direkte Rede	indirekte Rede
Sie sagt: »Wir kommen heute Nachmittag.«	Sie sagt, sie **kämen** heute Nachmittag. sie kommen (Konjunktiv I = Indikativ) → sie kämen (Konjunktiv II)

  Sind die Formen des **Konjunktivs II** wiederum identisch mit dem **Indikativ Präteritum**, verwendet man die Umschreibung mit **würde**.

direkte Rede	indirekte Rede
Er sagt: »Wir freuen uns über die Ferien.«	Er sagt, sie **würden sich** über die Ferien **freuen.** sie freuen sich (Konjunktiv I = Indikativ) sie freuten sich (Konjunktiv II = Indikativ Präteritum) → Umschreibung mit **würde**

  Da der Konjunktiv I (wie der Konjunktiv II) nur **eine** Vergangenheitsform hat, wird aus dem **Präteritum**, dem **Perfekt** und dem **Plusquamperfekt** der direkten Rede in der indirekten Rede der **Konjunktiv I Perfekt**.

direkte Rede	indirekte Rede
Lena sagt: »Tim **hat** gestern Geburtstag **gefeiert**.«	Lena sagt, Tim **habe** gestern Geburtstag **gefeiert**.
Ole sagt: »Ich **hatte** keine Zeit zu kommen.«	Ole sagt, er **habe** keine Zeit **gehabt** zu kommen.
Tim sagt: »Ich **hatte** dich aber **eingeladen**.«	Tim sagt, er **habe** ihn aber **eingeladen**.

- Bei der Umwandlung in die indirekte Rede müssen die **Personalpronomen** der direkten Rede geändert werden. Sie stehen häufig in der 3. Person:

direkte Rede	indirekte Rede
Peter sagt:	Peter sagt,
»Ich komme gleich.«	**er** komme gleich.
»Du kommst gleich.«	… **er/sie** komme gleich. / … **ich** käme gleich.
»Er (Tom) kommt gleich.«	… **er** komme gleich.
»Wir kommen gleich.«	… **sie** kämen gleich. / … **ihr** kommet gleich.
»Sie kommen gleich.«	… **sie** (die anderen) kämen gleich.

1.3 Das Verb (Tätigkeitswort, Zeitwort)

- Der **Imperativ** der direkten Rede wird in der indirekten Rede mit den Modalverben **mögen** oder **sollen** umschrieben. Die Wahl des jeweiligen Modalverbs richtet sich nach der Strenge der Äußerung.

direkte Rede	indirekte Rede
Die alte Dame an der Supermarktkasse bittet:	Die alte Dame an der Supermarktkasse bittet,
»Lassen Sie mich bitte vor!«	sie **mögen** sie vorlassen.
Der Fahrradfahrer ruft:	Der Fahrradfahrer ruft, die Leute **sollen**
»Geht mir aus dem Weg, Leute!«	ihm aus dem Weg gehen.

- **Ergänzungsfragen** werden in der indirekten Rede in indirekte Fragesätze umgewandelt. Das Fragepronomen wird übernommen. Die indirekte Frage steht im Konjunktiv.

direkte Rede	indirekte Rede
Jule fragt: »**Welches** Kleid soll ich heute anziehen?«	Jule fragt, **welches** Kleid sie heute anziehen **solle**.

- **Entscheidungsfragen** werden in der indirekten Rede zu indirekten Fragen umgewandelt, die durch die Konjunktion **ob** eingeleitet werden. Sie stehen ebenfalls im Konjunktiv.

direkte Rede	indirekte Rede
Jan fragt: »Bekommt Lilly ein Glas Wasser?«	Jan fragt, **ob** Lilly ein Glas Wasser **bekomme**.

Der Imperativ

Merkmale und Bildung

- Der Imperativ drückt eine direkte **Aufforderung** aus: einen **Wunsch**, eine **Bitte**, einen **Befehl** oder ein **Verbot**.
- Er kann sich an eine oder mehrere Personen richten.

Komm nach Hause!
Spiel doch etwas leiser!
Sei mir nicht böse! **Hör** auf!
Wasch dir dein Gesicht! **Haltet** den Dieb!

- Die Imperativform kann nur im Präsens in der 2. Person Singular und Plural gebildet werden. Die 2. Person Singular wird in der Regel mit dem **Präsensstamm** (↑ S. 14) des Verbs und der **Endung -e** gebildet, im Plural wird die Endung **-t** angehängt. Das **-e** kann im Singular auch wegfallen.
- Einige unregelmäßige Verben, die im Präsens einen Wechsel des Vokals von **e** zu **i** haben, bilden den Imperativ ohne die Endung **-e** und mit **i**.
- Die Imperativformen von **sein** sind **sei** und **seid**.
- Der Imperativ kann auch eine Höflichkeitsform bilden. Hier wird das Personalpronomen beibehalten.
- Richtet man eine direkte Aufforderung (↑ S. 45) an eine Gruppe, der man selbst angehört, wird die **wir-Form** benutzt
- Der Imperativ von trennbaren Verben besteht aus zwei Teilen. Der Verbzusatz (meist eine Präposition) steht am Ende des Aufforderungssatzes.

	Singular	Plural
entschuldigen:	entschuldige	entschuldigt
wecken:	wecke	weckt
sagen:	sag	sagt

geben – gib, helfen – hilf, lesen – lies, nehmen – nimm, vergessen – vergiss
aber: werden – werd(e)

Sei bitte pünktlich! **Seid** um drei Uhr hier!
Gehen Sie bitte **weiter**! **Seien** Sie doch **still**!

Gehen wir! **Versuchen wir** es noch einmal!

Steh auf! **Ziehen** Sie das bitte **an**! **Mach** die Tür **zu**!

1.4 Das Adjektiv (Eigenschaftswort)

Die Verwendung des Adjektivs	
Es gibt verschiedene Möglichkeiten, wie ein Adjektiv verwendet wird: **als Attribut (Beifügung):** ■ Das Adjektiv bezieht sich auf ein Substantiv und bildet mit ihm eine Einheit (attributive Wortgruppe). ■ Meistens stehen attributiv gebrauchte Adjektive vor dem Substantiv. ■ Sie werden **flektiert** (dekliniert) und stimmen in Genus (Geschlecht), Numerus (Zahl) und Kasus (Fall) mit dem Substantiv überein.	der alte Wein, die graue Maus, das kleine Kind, die neuen CDs mein altes Sofa, die ärztliche Hilfe, ein schöner Frühlingsregen der alte Hut (Nominativ) des alten Hutes (Genitiv) dem/den alten Hut (Dativ/Akkusativ)
prädikativ: ■ Als prädikatives Adjektiv ist das Adjektiv Teil eines Prädikats. ■ Es steht dann häufig nach den Verben **sein**, **werden** und **bleiben**. ■ Das Adjektiv ist dann **unflektiert** (unverändert). ■ Wird der Superlativ prädikativ verwendet, wird ihm **am** vorangestellt.	Sie ist **neugierig**. Es wird **dunkel**. Sie bleibt **freundlich**. Dieses Bild ist **am schönsten**. Von allen Farben ist mir Rot **am liebsten**.
als Adverb: ■ Jedes Adjektiv kann auch in Funktion eines Adverbs gebraucht werden. ■ Das Adverb bezieht sich dann auf das Verb. ■ Es wird unflektiert verwendet und hat **keine** spezielle **Endung** (wie es z. B. im Englischen oder Lateinischen der Fall ist).	Der Vater **liest laut**. (Wie liest der Vater?) Die Sonne **scheint warm** vom Himmel. (Wie scheint die Sonne?) Mit dem Fahrrad **fahren** wir **schnell**. (Wie fahren wir mit dem Fahrrad?)
als Substantiv: ■ Die meisten Adjektive können wie Substantive gebraucht werden. ■ Die Adjektive werden dann großgeschrieben.	Weißt du schon das **Neueste**? Wir wünschen euch alles **Gute**! Der **Älteste** soll mit dem Spiel beginnen.

1.4 Das Adjektiv (Eigenschaftswort)

Die Komparation (Steigerung)

Merkmale

- Adjektive kann man steigern, d.h., es werden Vergleichsformen (Komparationsformen) gebildet. Die Grundform nennt man **Positiv**, die Steigerungsstufen heißen **Komparativ** und **Superlativ**.

  schön, schöner, am schönsten

  Die Königin ist **schön**. Schneewittchen ist **schöner** (als die Königin). Schneewittchen ist **am schönsten** (im Vergleich zu allen).

- Bei Vergleichen steht im Positiv das Wörtchen **wie**, im Komparativ **als** und im Superlativ **am**.

  Positiv: Hannah ist **so groß wie** Jonas.
  Komparativ: Jonas ist **größer als** du.
  Superlativ: Ich bin von uns vieren **am größten**.

- Der Superlativ drückt nicht nur den höchsten Grad aus. Er kann auch ohne einen direkten Vergleich einen **sehr hohen Grad** ausdrücken. Dieser Superlativ heißt **absoluter Superlativ** oder **Elativ**.

  Beim **leisesten** Geräusch wachte der Schlossbesitzer auf.
  Er hatte nicht die **geringste** Ahnung, woher die Geräusche kamen.

Bildung

Komparativ
- Zeichen des Komparativs ist die Endung **-er**.
- **a, o** und **u** werden zu **ä, ö** und **ü**.

  breit**er**, klein**er**, leicht**er**, schön**er**, schwer**er**
  ärmer, gr**ö**ßer, j**ü**nger

Superlativ
- Zeichen des Superlativs ist die Endung **-st**.
- **a, o** und **u** werden meist zu **ä, ö** und **ü**.
- Bei einigen Adjektiven wird vor die Superlativendung **-st** ein **-e-** eingeschoben.

  am kleinsten, am schönsten, am schwersten
  am ärmsten, am größten, am jüngsten
  am kürz**e**sten, am leicht**e**sten, am leis**e**sten, am weit**e**sten

Besonderheiten:

- Einige wenige Adjektive haben **unregelmäßige** Steigerungsformen.

  gut, besser, am besten
  viel, mehr, am meisten
  wenig, weniger/minder, am wenigsten/mindesten

- Nicht alle Adjektive können gesteigert werden. So gibt es **keine Steigerungsformen** zu Adjektiven, die von ihrer Bedeutung her kein Mehr oder Weniger zulassen.
  Auch Farbadjektive werden meist nicht gesteigert.

  absolut, blind, blitzschnell, dreieckig, einzig, erstklassig, lebendig, maximal, nackt, quadratisch, steinreich, sterblich, stumm, tot, total

  gelb, grün, rot

1.5 Das Adverb (Umstandswort)

Adverbien sind unveränderlich und werden deshalb nicht dekliniert. Ein Adverb kann an mehreren Stellen im Satz stehen. Es liefert zusätzliche inhaltliche Informationen. Adverbien gehören zur Gruppe der unveränderlichen Wörter (↑ Grafik S. 6).

Arten von Adverbien

Es gibt vier verschiedene Arten von Adverbien, die den Umstand eines Geschehens genauer beschreiben:

Lokale Adverbien (Adverbien des Ortes):
- Sie geben einen Ort, die Herkunft oder ein Ziel an.
- Sie werden mit den Fragewörtern **wo?, woher?** und **wohin?** erfragt.
- Zu ihnen gehören: bergauf, da, dahin, dort, dorther, draußen, fort, her, hier, irgendwoher, links, nirgends, oben, rechts, überall, überallhin, unten, weg.

Ich habe **draußen** einen roten Ferrari fahren sehen.
Dort oben habe ich das neue Buch ins Regal gestellt.
Irgendwoher hörte sie ein Käuzchen rufen.
Wenn Sie **links** entlang gehen, können Sie den Kölner Dom sehen.
Er hat **nirgends** passende Schuhe gefunden.

Temporale Adverbien (Adverbien der Zeit):
- Sie geben einen Zeitpunkt, eine zeitliche Dauer oder eine Wiederholung an.
- Sie antworten auf die Fragen **wann?, wie lange?** und **wie oft?**
- Zu ihnen gehören: bisher, damals, demnächst, einst, endlich, gestern, immer, jetzt, morgen, morgens, nie, niemals, oft, schließlich, sonntags, spätestens, kürzlich, wieder.

Damals hätte ich gerne einen Tanzkurs besucht.
Ich habe **jetzt erst** von dem Termin erfahren.
Die Aufführung **morgen** werde ich mit Sicherheit besuchen.
Wir haben **endlich** ein neues Auto gekauft.

Modale Adverbien (Adverbien der Art und Weise):
- Sie geben die Art und Weise an.
- Sie antworten auf die Fragen **wie?, auf welche Weise?** und **womit?**
- Zu ihnen gehören: allerdings, auch, besonders, bestimmt, durchaus, freilich, genauso, gerade, hoffentlich, insbesondere, jedoch, keineswegs, sehr, sicher, so, sogar, vergebens, vielleicht.

Ich esse **sehr gerne** helle Trauben.
Wir haben in Berlin **keineswegs** alles gesehen.
Hoffentlich bin ich bald wieder gesund.
Ich habe **vergebens** auf euren Besuch gewartet.

Kausale Adverbien (Adverbien des Grundes):
- Sie geben den Grund oder die Ursache einer Handlung oder eines Geschehens an.
- Sie antworten auf die Frage **warum?**
- Zu ihnen gehören: also, anstandshalber, daher, darum, demnach, deshalb, folglich, nämlich, somit.

Er hat diese Nacht kaum geschlafen, **darum** sieht er so müde aus.
Wir haben **demnach also** den ganzen Tag zur freien Verfügung.
Ich bitte dich zu gehen; **andernfalls** muss ich laut werden.

Verwendung und Funktion

Im Satz übernimmt das Adverb, je nachdem, worauf es sich bezieht, verschiedene Funktionen.
- als **selbstständiges Satzglied** (adverbiale Bestimmung):
Das Adverb bezieht sich auf das Verb oder den ganzen Satz.

    Hannah sprang **kopfüber** ins tiefe Wasser.

    Vielleicht regnet es gleich.

- als **Attribut**:
Das Adverb bezieht sich auf einzelne Wörter oder Wortgruppen wie Adjektive, andere Adverbien oder Substantive. Es kann in diesen Fällen vor- oder nachgestellt sein.

    Der Händler verkaufte **sehr** große Äpfel.

    Ich werde **erst** nachmittags kommen.

    Das Spiel **gestern** endete unentschieden.

- **innerhalb einer festen Fügung**:
Das Adverb steht bei einer Präpositionalgruppe, die eine Zahlangabe enthält.

    Es gibt **spätestens** in zwei Stunden Abendbrot.
    In **spätestens** fünf Minuten ist aufgeräumt!
    Die Oma kommt in **frühestens** einer Stunde.

Die Komparation (Steigerung)

Einige wenige Adverbien bilden Vergleichsformen (**Komparationsformen**), obwohl sie eigentlich unveränderbar sind. Der Komparativ und der Superlativ werden dann meist von einem anderen Wortstamm als dem der Grundstufe gebildet. Die Formen werden wie bei der Steigerung der Adjektive gebildet (↑ S. 25).

gern, lieber, am liebsten
bald, eher, am ehesten
sehr, mehr, am meisten

1.6 Das Pronomen (Stellvertreter, Fürwort)

Pronomen übernehmen im Text wichtige Funktionen. Sie können ein schon bekanntes Substantiv ersetzen, auf etwas Folgendes hinweisen oder auf etwas bereits Genanntes zurückverweisen. Dadurch können Wiederholungen oder komplizierte Formulierungen vermieden werden.

BLICKPUNKT

In einem fernen Land lebte eine schöne Prinzessin. **Sie** war so schön, dass von überall her die Menschen kamen, nur um sie anzusehen. **Das** war für die Prinzessin aber überaus lästig. Und so war **es** nicht weiter verwunderlich, dass sie das Haus bald nicht mehr verlassen wollte. **Dieses** Haus hatte sie ganz nach ihrer Vorstellung gestaltet.

Es gab große Toberäume und kleine Kuschelecken. **Diese** waren mit vielen bunten Kissen ausgelegt, in **jenen** standen unterschiedlichste Klettergerüste.

Das Personalpronomen

- Das Personalpronomen steht als Stellvertreter für:
  - die sprechende Person (1. Person),
  - die angesprochene Person (2. Person) oder
  - die Person, über die gesprochen wird (3. Person).
- In der **3. Person Singular** gibt es für jedes der drei Geschlechter eine eigene Form.
- Die 3. Person wird vor allem für ein Substantiv verwendet, das man gerade genannt hat und nicht wiederholen möchte.
- Die 3. Person Plural wird auch als **Höflichkeitsform** der Anrede benutzt und dann immer großgeschrieben.

ich, wir
du, ihr
er/sie/es, sie
er (Maskulinum), sie (Femininum), es (Neutrum)
Der Mann geht über die Straße.
Er (anstelle von: Der Mann) geht schnell.

Guten Tag, Frau Schmitz! Haben **Sie** einen Wunsch?

Deklination

Singular	1. Person	2. Person	3. Person
Nominativ	ich	du	er/sie/es
Genitiv	meiner	deiner	seiner/ihrer/seiner
Dativ	mir	dir	ihm/ihr/ihm
Akkusativ	mich	dich	ihn/sie/es

Plural	1. Person	2. Person	3. Person
Nominativ	wir	ihr	sie
Genitiv	unserer	eurer	ihrer/Ihrer
Dativ	uns	euch	ihnen
Akkusativ	uns	euch	sie

Das Reflexivpronomen (rückbezügliches Fürwort)

- Das Reflexivpronomen drückt aus, dass sich ein Geschehen oder eine Handlung auf den Handelnden (das Subjekt) selbst **zurückbezieht**.

Ich schäme **mich**.   Er schämt **sich**.

Ich verzeihe **mir**.   Sie verzeiht **sich**.

- Zur Verstärkung kann **selbst** hinzugesetzt werden.
- Das Reflexivpronomen hat in der **3. Person** Singular und Plural im **Dativ** und im **Akkusativ** die gleiche Form: **sich**.
  Die übrigen Formen entsprechen den Formen des Personalpronomens.

Er bedankte **sich selbst** bei seinen Freunden.
Er gibt **sich** die Schuld an dem Unglück. (wem?)

Sie verletzt **sich** an der Schere. (wen?)

1.6 Das Pronomen (Stellvertreter, Fürwort)

Deklination

		1. Person	2. Person	3. Person
Singular	Dativ	mir	dir	sich
	Akkusativ	mich	dich	sich
Plural	Dativ	uns	euch	sich
	Akkusativ	uns	euch	sich

Das Possessivpronomen (besitzanzeigendes Fürwort)

- Das Possessivpronomen drückt aus, zu wem eine Person oder eine Sache gehört.
- Es wird aber auch dann verwendet, wenn kein wirkliches Besitzverhältnis vorliegt.
- Zur Verstärkung kann zum Possessivpronomen das Adjektiv **eigen** hinzugesetzt werden.
- Meistens werden Possessivpronomen als **Begleiter** eines Substantivs verwendet und stehen dann **vor** dem Bezugswort.
- Sie können aber auch als Stellvertreter (↑ S. 27) verwendet werden und ersetzen dann ein Substantiv.
- Die Höflichkeitsformen **Ihr, Ihre** werden großgeschrieben.

Das ist **meine** Tasche und das ist **deine** Tasche.
Tina sucht **ihre** Tasche.
Ich muss gehen. **Mein** Zug fährt gleich.

mein Buch – mein **eigenes** Buch
deine Tasche – deine **eigene** Tasche
Meine Schultasche ist sehr schwer.

Wessen Schlüssel ist das? Das ist **meiner**.

Ich habe **Ihren** Brief erhalten.

Deklination*

		Maskulinum	Femininum	Neutrum
Singular	Nominativ	mein Ring	meine Uhr	mein Armband
	Genitiv	meines Rings	meiner Uhr	meines Armbands
	Dativ	meinem Ring	meiner Uhr	meinem Armband
	Akkusativ	meinen Ring	meine Uhr	mein Armband
Plural	Nominativ	meine Ringe	meine Uhren	meine Armbänder
	Genitiv	meiner Ringe	meiner Uhren	meiner Armbänder
	Dativ	meinen Ringen	meinen Uhren	meinen Armbändern
	Akkusativ	meine Ringe	meine Uhren	meine Armbänder

* Den verschiedenen Personen entsprechend sind die Pronomen **mein, dein, sein, ihr, unser, euer, ihr** zu verwenden. Hier wird die Deklination am Beispiel der 1. Person dargestellt.

Das Demonstrativpronomen (hinweisendes Fürwort)

- Demonstrativpronomen werden verwendet, um auf eine Person, einen Gegenstand oder Sachverhalt oder einen ganzen Satz hinzuweisen. Diese Person oder Sache wird dadurch besonders hervorgehoben.
- Sie können sowohl als Begleiter als auch als Pronomen (Stellvertreter) verwendet werden.

Ich habe zwei Brüder. **Diese** sind beide älter als ich.
Heute kommt »Pipi Langstrumpf«. **Diesen** Film kenne ich.
Begleiter: **Dieses** Kind hat mir den Ball zugeworfen.
Stellvertreter: **Dieser** (gemeint ist der Ball) war rot.

- Es gibt verschiedene Demonstrativpronomen:
  - dieser, diese, dieses,
  - der, die, das (werden dekliniert wie der Artikel; ↑ S. 9),
  - jener, jene, jenes (werden dekliniert wie **dieser, diese, dieses**),
  - derselbe, dieselbe, dasselbe,
  - derjenige, diejenige, dasjenige.
- Die Bedeutung von **dieser, diese, dieses** und **jener, jene, jenes** ist unterschiedlich: Mit **dieser** weist man auf eine Person oder Sache hin, die räumlich oder zeitlich nahe ist.
- Demonstrativpronomen richten sich in Numerus, Genus und Kasus nach dem Substantiv, bei dem sie stehen oder das sie ersetzen.

Dieses Kleid habe ich gemeint.
Der dort drüben hat mir eine Blume geschenkt.

Jenes Buch habe ich gelesen.

Ist das deine Tasche? **Dieselbe** (Tasche) habe ich mir auch gekauft.
Derjenige, der die Tafel beschmiert hat, soll sich melden.
Meinst du **dieses** Kind hier am Zaun oder **jenes** dort am Baum?
Hast du dir an **diesem** oder an **jenem** Tag, als es geschneit hat, den Arm gebrochen?
dieser Mann: Nominativ Singular Maskulinum
diesen Mann: Akkusativ Singular Maskulinum

Deklination

	Singular			Plural
	Maskulinum	Femininum	Neutrum	Maskulinum/Femininum/Neutrum
Nominativ	dieser	diese	dieses	diese
Genitiv	dieses	dieser	dieses	dieser
Dativ	diesem	dieser	diesem	diesen
Akkusativ	diesen	diese	dies(es)	diese
Nominativ	derselbe	dieselbe	dasselbe	dieselben
Genitiv	desselben	derselben	desselben	derselben
Dativ	demselben	derselben	demselben	denselben
Akkusativ	denselben	dieselbe	dasselbe	dieselben
Nominativ	derjenige	diejenige	dasjenige	diejenigen
Genitiv	desjenigen	derjenigen	desjenigen	derjenigen
Dativ	demjenigen	derjenigen	demjenigen	denjenigen
Akkusativ	denjenigen	diejenige	dasjenige	diejenigen

Das Indefinitpronomen (unbestimmtes Fürwort)

Es gibt viele Indefinitpronomen: einige, etliche, etwas, irgendjemand, jeder, jemand, kein, man, mancher, mehrere, niemand.
- Das Indefinitpronomen wird verwendet, wenn über Personen, Sachverhalte, Mengen oder Größen keine näheren Angaben gemacht werden.
- Indefinitpronomen werden sowohl als Stellvertreter für ein Substantiv als auch als Begleiter verwendet.
- Sie richten sich nach dem Adjektiv oder Substantiv, das sie begleiten oder ersetzen.

Das Buch muss **man** gelesen haben.
Irgendjemand spielt Klavier.
Jeder Mensch hat einen Vater und eine Mutter.
Stellvertreter: Endlich Ferien! Darüber freut sich **jeder.**
Begleiter: Gerade hat **irgendein Hund** gebellt.
manches Kind: Nominativ Singular Neutrum
jeder Mensch: Nominativ Singular Maskulinum

Deklination

- Im Allgemeinen richtet sich die Deklination der Indefinitpronomen nach dem Substantiv, das sie begleiten oder ersetzen.
- Die Indefinitpronomen **man**, **etwas** und **nichts** sind unveränderlich.

jeder Mensch, **etliche** geeignete Bewerber

Man weiß nicht, wer gehupt hat.
Ich habe **etwas** Schönes gesehen.
Es gibt **nichts** Gutes, außer man tut es.

Das Interrogativpronomen (Fragepronomen, fragendes Fürwort)

- Interrogativpronomen leiten Fragen ein. Dies können Ergänzungsfragen oder indirekte Fragesätze sein.
- Die Interrogativpronomen **wer?** und **was?** werden in einem Fragesatz als Stellvertreter gebraucht und können das Substantiv eines Satzes ersetzen. **Wer?** steht für eine Person, **was?** für eine Sache.
- Die Interrogativpronomen **welcher?**, **welche?**, **welches?** kommen als Begleiter und als Stellvertreter des Substantivs vor. Sie bezeichnen eine Auswahl oder eine Art. Sie richten sich in Numerus, Genus und Kasus nach dem Substantiv, bei dem sie stehen oder das sie ersetzen, und werden wie **dieser, diese, dieses** dekliniert.
- Das mehrteilige Interrogativpronomen **was für ein (eine, einen)?** fragt nach bestimmten Eigenschaften oder Merkmalen. Dabei bleibt **was für** unverändert und nur **ein, eine, ein** werden dekliniert.

Ergänzungsfrage: **Wer** hat da gerufen?
Indirekter Fragesatz: Weißt du, **wer** da ruft?
Das Kind schläft.   Das Telefon klingelt.
Wer schläft?   **Was** klingelt?

Begleiter: **Welches Spiel** sollen wir spielen?
Stellvertreter: **Welches** gefällt euch besser?

Was für ein Auto willst du dir kaufen?
Was für eine Blume hast du dort gepflanzt?
Was für einen Hund magst du?

Deklination

Singular	Personen	Sachen
Nominativ	wer?	was?
Genitiv	wessen?	wessen?
Dativ	wem?	(was?)
Akkusativ	wen?	was?

Das Relativpronomen

- Die Relativpronomen **der, die, das, welcher, welche, welches** und **wer, was** leiten Relativsätze ein. Sie stellen eine Beziehung zwischen einem Satzteil des Hauptsatzes und dem Nebensatz her.

- Das Relativpronomen stimmt in Genus und Numerus mit seinem Bezugswort überein.
- Der Kasus des Relativpronomens hängt davon ab, welches Satzglied das Relativpronomen **innerhalb des Relativsatzes** darstellt.

Das Kind, **das** die Fensterscheibe eingeworfen hat, ist davongelaufen.
Ich aß von **dem Kuchen, der** auf dem Tisch stand.

Ich sah einen **Mann, der** grüne Stiefel trug.
  Genus, Numerus   Kasus (Nominativ)
Ich sah einen **Mann, den** ich schon kenne.
  Genus, Numerus   Kasus (Nominativ)

1.7 Die Präpositionen (Verhältniswörter)

Präpositionen kennzeichnen bestimmte Beziehungen oder Verhältnisse. Sie gehören zu den unflektierbaren Wörtern, sind also in ihrer Form nicht veränderlich. Sie treten immer zusammen mit einem anderen Wort auf, meist einem Substantiv, einem Adjektiv oder Pronomen. Sie bilden zusammen eine Wortgruppe (**Präpositionalgruppe**). Dabei geben sie vor, in welchem Kasus (Fall) das dazugehörige Substantiv, Adjektiv oder Pronomen steht.

BLICKPUNKT

Beziehung/Verhältnis	Frage		
lokal (Ort)	wo? wohin?	**an** der Autobahnabfahrt **auf** dem Baum **aus** Belgien	**in** die Schule **vor** die Haustür **neben** dem Schrank
temporal (Zeit)	wann?	**an** diesem Tag **seit** mehreren Wochen **in** drei Tagen	**um** 12 Uhr **während** des Winters **ab** neun Uhr
kausal (Grund, Zweck, Folge)	warum? wozu?	**wegen** des Feiertags **dank** deiner Hilfe **aus** Mitleid	**durch** stetiges Üben **zu** deiner Information **zwecks** Belustigung
modal (Art und Weise)	wie?	**mit** meinem Einverständnis **gegen** meinen Willen	**ohne** mein Wissen **gemäß** der Vereinbarung

Präposition und Kasus

- Präpositionen regieren einen bestimmten Kasus (↑ S. 8).
- Einige Präpositionen können je nach Bedeutung auch unterschiedliche Kasus verlangen. Man nennt diese auch **Wechselpräpositionen**. Besonders häufig sind lokale Präpositionen, die entweder den Dativ oder den Akkusativ fordern. Antwortet eine lokale Präposition auf die Frage **wo?**, wird der Dativ angeschlossen, antwortet sie auf die Frage **wohin?**, der Akkusativ.
- Mehrere Präpositionen können hintereinanderstehen, wenn sie den gleichen Kasus fordern.
- Bei Präpositionen, die verschiedene Kasus erfordern, richtet sich der Kasus des Substantivs oder Pronomens nach der Präposition, die zuletzt steht.

Wir stehen **auf einer Brücke.** (auf → Dativ)

Der Vogel sitzt **auf dem Baum.** (wo? → Dativ)
Die Katze klettert **auf den Baum.**
(wohin? → Akkusativ)
Er parkt seinen Wagen **in dem Parkhaus.**
(wo? → Dativ)
Er fährt seinen Wagen **in das Parkhaus.**
(wohin? → Akkusativ)

Hinter, vor und **neben** dem Auto lagen lange Nägel.
»Sind die Kinder mit oder **ohne Geschwister** eingeladen?« – »Sie sind, soweit ich weiß, teils ohne und teils **mit Geschwistern** eingeladen.«

Stellung der Präposition

Es gibt drei Möglichkeiten, wo sie stehen kann:
- vor dem Beziehungswort,
- hinter dem Beziehungswort,
- das Beziehungswort umklammernd.

nach Feierabend, **mit** den Kindern, **aus** Berlin
der Kinder **wegen**, der Natur **zuliebe**
von heute **an**, **um** des Friedens **willen**

Verschmelzung von Präposition und Artikel

- Einige Präpositionen können mit dem jeweiligen Artikel zu einer Wortform verschmelzen.
- In vielen festen Wendungen ist nur die verschmolzene Form möglich.

an + dem → **am**, von + dem → **vom**
in + dem → **im**, zu + dem → **zum**
zum Tanzen auffordern, **hinters** Licht führen
aufs Ganze gehen, **im** Vertrauen gesagt

Präposition mit Adjektiv oder Verb

Einige Adjektive und Verben stehen oft zusammen mit einer Präposition. Diese kennzeichnet dann jedoch kein bestimmtes Verhältnis, sie verbindet nur das Adjektiv bzw. das Verb mit dem Objekt.

mit Adjektiv: froh **über**, stolz **auf**, gierig **nach**, voll **von**, besorgt **über**
mit Verb: denken **an**, sich freuen **über**, springen **auf**, reden **über**, warten **auf**

1.8 Die Konjunktionen (Bindewörter)

Die nebenordnenden Konjunktionen

Gebrauch und Funktion

- Nebenordnende Konjunktionen verbinden einzelne Wörter, Wortgruppen oder Hauptsätze. Zu den nebenordnenden Konjunktionen gehören: **aber, einerseits … andererseits, entweder … oder, oder, sondern, sowohl … als auch** und **und**.

Ich esse am liebsten Äpfel, Birnen **und** Bananen.
Wir haben **sowohl** in London **als auch** in Paris gelebt.
Der Wecker klingelt, **aber** er wacht nicht auf.

- Sie übernehmen verschiedene Funktionen:
  – Reihung, Zusammenfassung,
  – Angabe von Alternativen,
  – Gegensatz, Einschränkung,
  – Grund.

und, (so)wie, sowohl … als auch
oder, entweder … oder
aber, (je)doch, sondern
denn

Die unterordnenden Konjunktionen

Gebrauch und Funktion

- Unterordnende Konjunktionen verbinden einen Haupt- und einen Nebensatz miteinander.
- Zu den unterordnenden Konjunktionen gehören u. a. **als, als dass, anstatt dass, bevor, damit, dass, ehe, nachdem, obwohl, ohne dass, während, weil, wenn**.

Ich gehe spazieren, **weil** die Sonne scheint.
Als er ankam, waren die anderen schon da.
Ich gehe spazieren, **wenn** es aufhört zu regnen.

- Unterordnende Konjunktionen, die Infinitivgruppen einleiten, werden auch **Infinitivkonjunktionen** genannt. Dazu gehören: **ohne, (an)statt, um** u. a.

Sie entscheiden sich, **ohne** mit der Wimper zu zucken.
Anstatt/Statt sich zu beeilen, trödelte er.

Unterordnende Konjunktionen: Gebrauch und Funktion (Fortsetzung)

- Sie übernehmen verschiedene Funktionen:
  - temporal (Zeit),   als, bevor, bis, ehe, nachdem, sobald, während
  - kausal (Grund),   da, weil
  - final (Zweck),   damit, dass
  - konditional (Bedingung),   falls, wenn
  - konzessiv (Gegensatz),   obgleich, obwohl, wenn auch
  - modal (Art und Weise),   als ob, indem, wie
  - ohne eigene Bedeutung.   dass, ob
- Wörter wie **bis, seit** und **während** können auch als Präpositionen gebraucht werden, dann folgt ihnen ein Substantiv.

Konjunktion: Es dauert noch, **bis ich komme.**
Präposition: **Bis zur Ankunft** dauert es noch.

1.9 Das Numerale (Zahlwort, Zahladjektiv)

Bestimmte Numeralia

Sie geben die exakte Zahl an:
- Grundzahlen (Kardinalzahlen),   null, eins, zwei, drei, ... zehn, ... hundert
- Ordnungszahlen (Ordinalzahlen),   der Erste, die Zweite, ..., der Tausendste, das erste Mal, die zweite Woche ...
- Zahladverbien,   erstens, zweitens, drittens
- Bruchzahlen,   ein halb, anderthalb, ein Viertel
- Vervielfältigungszahlen,   einfach, zweifach, dreifach
- Wiederholungszahlen,   einmal, zweimal, dreimal
- Einteilungszahlen.   je einer, je zwei, in Gruppen zu je fünf

Unbestimmte Numeralia

Sie lassen die genaue Zahl oder Menge im Ungewissen und bezeichnen nur eine unbestimmte Menge.   wenig, einige, andere, viele, ganz, zahllos, ein paar, mehr

1.10 Die Interjektion (Ausrufe- und Empfindungswort)

Gebrauch und Funktion

- Interjektionen stehen im Satz isoliert und werden deshalb oft von einem nachfolgenden Satz mit einem Komma oder einem Ausrufezeichen abgetrennt. Sie sind nicht flektierbar.

Brr, ist das kalt!
Oh, das ist aber schön!
Aua! Das tut weh!
Hurra! Wir haben hitzefrei!

- Interjektionen kommen vor allem in gesprochener Sprache oder in Comics vor. Interjektionen können:
  - Empfindungen zum Ausdruck bringen,   hm, igitt, nanu, oh, pfui, tja, wow
  - Aufforderungen ausdrücken,   basta, dalli dalli, hallo, halt, he, pst, tschüs
  - Laute nachahmen,   miau, peng, tatütata, wuffwuff, wumm
  - ein Gespräch in Gang halten (Gesprächswörter).   aha, bitte?, genau, hm, ja, richtig, was?

2 Die Wortbildung

2.1 Die Zusammensetzung

- Eine Zusammensetzung (**Kompositum**) ist die Verbindung von zwei oder mehreren Wörtern. Das neu entstandene Wort betont meistens eine besondere Eigenschaft oder ein besonderes Merkmal.
- Die Teile der Zusammensetzung nennt man **Grundwort** und **Bestimmungswort**. Beide Bestandteile sind in ihrer Reihenfolge nicht beliebig austauschbar, ohne dass sich die inhaltliche Bedeutung verändert.
- Das Grundwort steht immer an letzter Stelle und stellt die Basis der Zusammensetzung dar. Die Wortart und das Geschlecht des neu entstandenen Wortes werden durch das Grundwort bestimmt.
- Der erste Wortbestandteil ist das Bestimmungswort, das das Grundwort näher erklärt.
- Fast alle Wortarten können miteinander kombiniert werden.
- Manchmal benötigt man ein Fugenelement, um die Wörter miteinander zu verbinden.

Haus	+ Tür	= Haustür
Stroh	+ Hut	= Strohhut

Bestimmungswort + Grundwort

Wiese	+ Blume	= Wiesenblume
(Blume, die auf Wiesen wächst)		
Blume	+ Wiese	= Blumenwiese
(Wiese mit Blumen)		

Bestimmungswort + Grundwort

das Fenster	+ die Bank	= die Fensterbank
(Neutrum)	(Femininum)	(Femininum)
Wunder	+ schön	= wunderschön
(Substantiv)	(Adjektiv)	(Adjektiv)
fertig	+ Gericht	= Fertiggericht
(Adjektiv)	(Substantiv)	(Substantiv)
Eis	+ laufen	= eislaufen
(Substantiv)	(Verb)	(Verb)

Bestimmungswort + Fugenelement + Grundwort

Bild	er	rahmen
Advent	s	kranz

2.2 Die Ableitung

- Bei einer Ableitung (**Derivation**) werden dem Wortstamm Silben vorangestellt oder angehängt.

- Vorangestellte Silben heißen **Präfixe**, die nachgestellten heißen **Suffixe**.

- Das Ausgangswort kann auch **mit einer inneren Ableitung** im Wortstamm verändert werden. Sie hat oft eine Änderung der Wortart zur Folge. In vielen Fällen ist sie mit dem Anfügen eines **Präfixes** oder **Suffixes** verbunden.

freund: **freund**-lich, un-**freund**-lich, **Freund**-schaft
mut: Un-**mut**, **mut**-ig, miss-**mut**-ig
Präfixe: **be**-leben, **ent**-laufen, **ver**-geben, **Miss**-klang, **zer**-brechen
Suffixe: lebend-**ig**, Kind-**heit**, Bild-**ung**, ärger-**lich**, Sauber-**keit**

reiten → der Ritt, (Verb → Substantiv)
schließen → der Schluss
schwarz → schwärzen (Adjektiv → Verb)
Präfix: Mauer → **Ge**-mäuer, Suffix: gut → Güt-**e**

2.3 Die Wortkürzung

- Bei der Wortkürzung werden Wörter nicht länger wie bei der Zusammensetzung und der Ableitung, sondern kürzer, da Wortbestandteile weggelassen werden.
- Es können einzelne Buchstaben eines Wortes oder einer Wortgruppe stehen bleiben (oft die ersten Buchstaben der einzelnen Wortbestandteile).
- Es können Silben aus dem Wort oder der Wortgruppe stehen bleiben.
- Es kann ein zusammenhängender Teil des Wortes stehen bleiben, manchmal kommt das Suffix **-i** hinzu.
- Häufig gibt es auch Mischformen mit Buchstaben, Silben oder ganzen Wörtern der Langform.

Automobil → Auto
Last**k**raft**w**agen → Lkw
Europäische **U**nion → EU

Zweites **D**eutsches **F**ernsehen → ZDF
Unbekanntes **F**lug**o**bjekt → Ufo

Kriminal**po**lizei → Kripo,
Schieds**ri**chter → Schiri
Mathematik → Mathe, **Mikro**fon → Mikro
Omni**bus** → Bus
Professioneller → Profi, **Klins**mann → Klinsi
Azubil**d**ender → Azubi
Orangen**saft** → O-Saft

3 Wortfamilie und Wortfeld

Wortfamilie

- Wörter, die den **gleichen Wortstamm** haben, sind sprachlich verwandt und bilden deshalb eine Wortfamilie. Zu einer Wortfamilie gehören Wörter verschiedener Wortarten.
- Die Wörter einer Wortfamilie können gebildet werden durch:
  – Zusammensetzungen und
  – Ableitungen.

lachen
lächeln, Lacher, Lacherfolg, lächerlich, lächerlicherweise, Lächerlichkeit, Lachfältchen, Lachgas, lachhaft, Lachhaftigkeit, Lachkrampf

Schlaf
Zusammensetzungen: Schlafanzug, Schlafentzug, Schlafstörung, Schlaftablette, Tiefschlaf, Mittagsschlaf, schlafwandeln
Ableitungen: Schläfer, schlafen, schläfrig, schlaflos, verschlafen, ausschlafen, einschlafen

Wortfeld

- Wörter, die eine **ähnliche Bedeutung** haben, bilden ein Wortfeld.

- Wörter mit annähernd gleicher Bedeutung nennt man **Synonyme**.

sagen
mitteilen, erzählen, behaupten, erläutern, erklären, behaupten, darauf hinweisen, sich äußern, feststellen

plötzlich
auf einmal, unvermittelt, mit einem Mal, ohne Ankündigung

4 Der Satz

Sätze sind **selbstständige sprachliche Einheiten,** die zusammengesetzt zu Texten werden. Jeder einzelne Satz setzt sich wiederum aus kleineren sprachlichen Einheiten, Wörtern oder Wortgruppen, zusammen.

4.1 Die Satzglieder

BLICKPUNKT

Ein Satz besteht aus einzelnen Bausteinen, den Satzgliedern. Ein Satzglied kann aus einem einzelnen **Wort,** einer **Wortgruppe** oder einem **Gliedsatz** bestehen.

- Innerhalb eines Satzes übernehmen die Satzglieder bestimmte **inhaltliche** Funktionen.
- Jedes einzelne Wort kann einer Wortart zugeordnet werden und lässt sich **grammatisch** genau bestimmen.

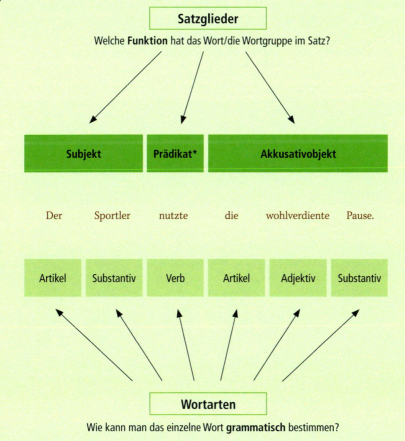

*Streng genommen ist das Prädikat kein Satzglied, da es seine Stellung bei der Umstellprobe nicht verändert.

> **BESONDERS NÜTZLICH**
>
> **Die Abgrenzung der Satzglieder**
>
> Es gibt zwei Methoden, um festzustellen, welche Wörter zusammengehören und so ein Satzglied bilden: Die **Umstell-** oder **Verschiebeprobe** und die **Ersatzprobe**.
>
> - **Umstellprobe/Verschiebeprobe**
>   Wörter oder Wortgruppen, die im Satz auch dann als selbstständige Teile oder Blöcke verbunden bleiben, wenn sie innerhalb eines Satzes umgestellt werden, bilden ein Satzglied. Bei der Umstellprobe dürfen die Wörter in ihrer Form nicht verändert werden und der Satz muss weiterhin sinnvoll und vollständig sein.
>
> | Ich | lese | gerne | am Abend | ein Buch. |
> | Am Abend | lese | ich | gerne | ein Buch. |
> | Ein Buch | lese | ich | gerne | am Abend. |
> | Gerne | lese | ich | am Abend | ein Buch. |
>
> - **Ersatzprobe**
>   Ein Satzglied kann immer nur durch ein anderes Satzglied **der gleichen Funktion** ersetzt werden. Das Wort oder die Wortgruppe, die ersetzt werden kann, bildet ein Satzglied. Dabei muss das Wort oder die Wortgruppe, die das vorhandene Satzglied ersetzen soll, nicht gleichen Inhalts sein und auch die Satzkonstruktion muss dabei nicht immer unbedingt erhalten bleiben.
>
> | Hannahs Schwester | kommt | **nach einer Weile.** |
> | Sie | kommt | **später.** |
> | Katharina | kommt | **in einer Stunde.** |

4.1.1 Das Subjekt (Satzgegenstand)

Funktion und Bildung	
Das Subjekt ist der Satzgegenstand und wird mit **wer?** oder **was?** erfragt. Das Subjekt steht immer im Nominativ (1. Fall).	**Der Lehrer** schreibt an die Tafel. **Das Buch** steht im Regal.
Das Subjekt kann aus verschiedenen **Wörtern** oder **Wortgruppen** gebildet sein: ■ Artikel + Substantiv (Substantivgruppe), ■ Pronomen, ■ Zahladjektive (Numeralien), ■ einfacher Infinitiv mit **zu,** ■ Aufzählungen, ■ Infinitivgruppe, ■ attributive Wortgruppe (Artikel + Adjektiv + Substantiv; ↑ S. 24) ■ Partizipialgruppe, ■ Gliedsatz (Subjektsatz).	**Das Kind** spielt mit dem Ball. **Es** spielt mit dem Ball. **Viele** kaufen Eintrittskarten fürs Museum. **Loszulassen** fällt mir schwer. **Julius und Jonah** sind Leas beste Freunde. **Das Museum zu besuchen** war eine gute Idee. **Das spannende Buch** liegt auf dem Tisch. **Frisch gewagt** ist halb gewonnen. **Wer aufgepasst hat,** weiß nun Bescheid.

4.1.2 Das Prädikat (Satzaussage)

Funktion und Bildung

- Das Prädikat ist der wichtigste Teil des Satzes, da sich alle anderen Satzglieder in Inhalt, Stellung und Form nach ihm richten. Ermittelt werden kann das Prädikat mit den Fragen **Was geschieht?** oder **Was tut das Subjekt?** Das Prädikat wird immer mit einem **konjugierten Verb** gebildet. Das Prädikat ist das einzige Satzglied, das seine Stellung bei der Umstellprobe nicht verändert.

  Paula **liest** ein Buch.

  Es **schneit**. Sarah **badet** im See.

  Die Klasse **spielt** auf dem Schulhof.
  Auf dem Schulhof **spielt** die Klasse.

- Das Prädikat stimmt in **Person** und **Numerus** mit dem Subjekt überein (**Kongruenz**).
- Das **einteilige** Prädikat besteht aus einer einzigen konjugierten (**finiten**) Verbform.
- Ist das Prädikat **mehrteilig** (zusammengesetzt), treten zum finiten Teil des Verbs weitere nicht konjugierte (**infinite**) Prädikatsteile hinzu. Man spricht dann von einer **Satzklammer (Verbklammer)**.
- Das zusammengesetzte Prädikat wird verwendet:
  – zur Bildung des Perfekts,
  – zur Bildung des Plusquamperfekts,
  – zur Bildung des Futurs,
  – als Passivkonstruktion,
  – bei trennbaren Verben,
  – bei Modalverb und Infinitiv.

  Tobias **geht** gerne ins Kino.
  Seine Freunde **gehen** häufig mit.
  Auf dem Schreibtisch **brennt** die Lampe.

  Auf dem Schreibtisch **hat** die Lampe **gebrannt**.

  Lukas **hat** schöne Ferien **gehabt**.
  Wir **hatten** nur ein Los **gekauft**.
  Wir **werden** morgen **kommen**.
  Sie **werden** von den Eltern **abgeholt**.
  Marie **fährt** gerne **weg**. (wegfahren)
  Ich **möchte** die Zeitung noch **lesen**.

4.1.3 Das Objekt

Manche Sätze sind mit einem Prädikat und einem Subjekt noch nicht vollständig, sondern verlangen **weitere Ergänzungen.** Diese Ergänzungen nennt man Objekte. Es gibt vier verschiedene Arten von Objekten: **Akkusativobjekt, Dativobjekt, Genitivobjekt** und **Präpositionalobjekt.** Das Verb – in seltenen Fällen ein Adjektiv oder Substantiv – allein bestimmt, welche und wie viele Ergänzungen notwendig sind und in welchem Kasus (↑ S. 8) sie stehen. Ein Objekt besteht meist aus einem Substantiv, einer Substantivgruppe, einem Pronomen oder einer Präpositionalgruppe.

Das Akkusativobjekt

Funktion und Bildung

Das Akkusativobjekt gibt das Ziel einer Handlung an und beantwortet die Frage **wen?** oder **was?** Alle Verben mit Akkusativobjekt sind transitiv (↑ S. 11).

Der Junge baut **eine Sandburg.**
Was baut der Junge? – Eine Sandburg.

4 Der Satz

Funktion und Bildung (Fortsetzung)

Wie das Subjekt kann es aus verschiedenen Wörtern oder Wortgruppen bestehen:

■ Artikel + Substantiv (Substantivgruppe),	Lea backt **einen Kuchen**. Lara liest **den Brief**.
■ Pronomen,	Es ekelt **ihn**. Sie nervt **mich**.
■ Zahladjektive (Numeralien),	Ich esse **viel**.
■ einfacher Infinitiv mit **zu**,	Alina versprach **zu kommen**.
■ Aufzählungen,	Sie sah **den Himmel, die Berge, das Meer**.
■ Infinitivgruppe,	Jennifer liebt es, **einfach loszumalen**.
■ attributive Wortgruppe (↑ S. 11),	Hannah nimmt **den gelben Stift**.
■ Partizipialgruppe,	Er betrachtet **das von mir geputzte Fahrrad**.
■ Nebensatz (Objektsatz).	Ich habe gesehen, **was los ist**.

Das Dativobjekt

Funktion und Bildung

Das Dativobjekt bezeichnet vorwiegend Personen und antwortet auf die Frage **wem?**	Sie hilft **ihrem Freund**. Wem hilft sie? – Ihrem Freund.
Dativobjekte sind: ■ Substantivgruppen, ■ attributive Wortgruppen, ■ Pronomen.	Der Sohn ähnelt **seiner Mutter**. Die Tochter ähnelt **dem gemeinsamen Vater**. Der Sohn ähnelt **ihr**.

Das Genitivobjekt

Funktion und Bildung

Das Genitivobjekt beantwortet die Frage **wessen?** Es gibt nur wenige Verben, die ein Objekt im Genitiv erfordern.	Er bedarf **unserer Hilfe**. Wessen bedarf er? – Unserer Hilfe.
Genitivobjekte bestehen aus: ■ Substantivgruppen, ■ Pronomen, ■ (selten aus) Gliedsätzen (Infinitivsätzen).	Wir gedenken **unserer Verstorbenen**. Wir gedenken **ihrer**. Ich erinnere mich, **ihn gesehen zu haben**.
Nur wenn sich die Frage **wessen?** auf das Verb bezieht, wird das **Genitivobjekt** erfragt. Bezieht sich das Fragewort auf ein Substantiv, erfragt man ein **Genitivattribut** (↑ S. 41).	Ich erinnere mich **deiner**. Wessen **erinnere** ich mich? – Deiner. Ich treffe die Tochter des Nachbarn. Wessen **Tochter**? – Des Nachbarn.

Das Präpositionalobjekt (Objekt mit einer Präposition)

Funktion und Bildung

Ein Präpositionalobjekt wird mit einem **Fragewort** und einer **Präposition** erfragt.	Die Schüler freuen sich **auf die Ferien.** **Worauf** freuen sich die Schüler? – Auf die Ferien.
Diese Präposition ist nicht frei wählbar, sondern hängt vom Verb ab, und bestimmt den Fall **(Kasus)** der gesamten Ergänzung.	freuen **auf/über** etwas/jemanden, nachdenken **über** etwas/jemanden, abhängen **von** etwas/jemandem, Respekt haben **vor** etwas/jemandem
Es gibt **zwei** Formen des Präpositionalobjekts: ■ präpositionaler Ausdruck, ■ Pronominaladverb (↑ S. 44).	Die Reisenden warten **auf den Zug.** (Worauf?) Ich freue mich **darüber.** (Worüber?)

Mehrere Objekte

In einem Satz mit mehreren Objekten ist das Akkusativobjekt unerlässlich.

Jule überreicht	ihrem Großvater	ein Geschenk.
	Wem?	Was?

Auf das Dativobjekt kann hingegen verzichtet werden.

Jule überreicht ein Geschenk.

BESONDERS NÜTZLICH

Ein Satzgliedteil: das Attribut

Attribute erläutern **besondere Merkmale** einer Person oder einer Sache. Sie sind also **Beifügungen** zu Substantiven und stellen somit einen **Satzgliedteil** dar. Attribute können zu Subjekten, Objekten oder adverbialen Bestimmungen hinzutreten, um diese inhaltlich näher zu kennzeichnen.

Es gibt verschiedene Formen des Attributs:

- attributives Adjektiv — Ich habe mir ein **neues spannendes** Buch gekauft.
- Adverb — In das Haus **dort** sind wir eingezogen.
- Genitivattribut — Der Besitzer **des Schlüssels** hat sich gemeldet.
- präpositionales Attribut — Hier gibt es Schreibblöcke **mit Rand.**
- Attributsatz — Der Film, **den ich mir angesehen habe,** war langweilig.
- Infinitiv mit **zu** — Die Möglichkeit, **selbst zu entscheiden,** war gegeben.
- Apposition — Lotte, **die Freundin von Hannah,** kam zu Besuch.

4.1.4 Die adverbiale Bestimmung

Funktion und Bildung

Adverbiale Bestimmungen machen nähere Angaben zu einem **Sachverhalt** oder den **Umständen** und antworten auf Fragen wie **wann?**, **wie lange?**, **wo?**, **wie?** Sie können sich entweder nur auf das Verb beziehen oder auf den gesamten Satz.	**Letzte Woche** waren wir wandern. Wir sind **vier Stunden** aufgestiegen. **Auf dem Gipfel** hatten wir eine tolle Aussicht. Dann sind wir **gemütlich** wieder abgestiegen. Hannah kaute **genüsslich** den Apfel. **Offensichtlich** hat es allen Spaß gemacht.
Als adverbiale Bestimmung können **verschiedene Wortarten** vorkommen: ■ Adverbien, ■ Adjektive, ■ Präposition + Substantiv.	blindlings, dort, gern, heute, jetzt, morgen entsetzlich, lautlos, schnell, vorbildlich am See, aus Langeweile, hinter dem Haus

Die adverbiale Bestimmung der Zeit (Temporaladverbiale)

■ Sie gibt Auskunft über den **Zeitpunkt**, die **Wiederholung** oder die **Dauer** eines Geschehens oder Sachverhalts. ■ Sie wird mit den Fragewörtern **wann?**, **wie oft?**, **wie lange?**, **seit wann?**, **bis wann?** erfragt. ■ Häufig wird sie mit Präpositionen wie **nach, bis, seit, vor** und **während** eingeleitet.	**Morgen** besuche ich dich. Wir besuchen **jedes Jahr** den Weihnachtsmarkt. **Seit gestern** schneit es. Du musst **noch eine Stunde** üben! **Vor drei Tagen** hat er angerufen.

Die adverbiale Bestimmung des Ortes (Lokaladverbiale)

■ Sie gibt Auskunft über den **Ort**, die **Richtung**, die **Herkunft** oder die **räumliche Ausdehnung** eines Geschehens oder Sachverhalts. ■ Sie wird mit den Fragewörtern **wo?**, **wohin?**, **woher?**, **wie weit?** erfragt. ■ Häufig wird sie mit Präpositionen wie **in, auf, unter, dort, über, von, zwischen** oder **bis** eingeleitet.	Die Mannschaft trainiert **auf dem Platz**. Katharina geht **ins Ausland**. Sie kommt **vom Land**. Wir spazieren **dorthin**. **Zwischen den Bäumen** sehe ich ein Reh. **Hinter dem Bild** ist ein Fleck **an der Wand**. Die Sonne geht **über den Bergen** auf.

Die adverbiale Bestimmung des Grundes (Kausaladverbiale)

■ Sie gibt Auskunft über den **Grund** oder die **Ursache** eines Geschehens oder Sachverhalts. ■ Sie wird mit den Fragewörtern **warum?**, **weshalb?**, **aus welchem Grund?** erfragt. ■ Häufig wird sie mit Präpositionen wie **aus, von, wegen** oder **durch** eingeleitet.	**Wegen der Überstunden** ist der Vater müde. **Daher** legt er sich ins Bett. **Aus Rücksicht** sind die anderen leise. **Deshalb** stellen sie den Fernseher ab.

Die adverbiale Bestimmung der Art und Weise (Modaladverbiale)

- Sie gibt Auskunft über die **Beschaffenheit**, die **Quantität**, die **Intensität**, die **Unterschiedlichkeit** oder das **Material** eines Satzgegenstandes.
- Sie wird mit den Fragewörtern **wie?**, **auf welche Weise?**, **wie viel?**, **wie sehr?**, **um wie viel?**, **woraus?** erfragt.
- Häufig wird sie mit Präpositionen wie **aus**, **durch**, **mit**, **unter** oder **um** eingeleitet.

Das Kind singt **vergnügt**.
Wir spielen **mit Eifer** Fußball.
Er war darüber **zu Tode** erschrocken.
Er war **Stunden schneller** als du.
Ich kaufe eine Tasse **aus Porzellan**.
Angeblich soll hier ein Schatz vergraben sein.

Die adverbiale Bestimmung des Mittels (Instrumentaladverbiale)

- Sie gibt Auskunft über die **Mittel** oder **Werkzeuge**, die zu einem Geschehen oder Sachverhalt beitragen.
- Sie wird durch die Fragewörter **womit?**, **wodurch?** erfragt.
- Häufig wird sie mit Präpositionen wie **durch** oder **mit** eingeleitet.

Mit einer Schere schneidet der Gärtner die Rosen.

Ich habe von dem Unfall **durch die Zeitung** erfahren.

Die adverbiale Bestimmung des Zwecks (Finaladverbiale)

- Sie gibt Auskunft über den **Zweck** oder die **Absicht** einer Handlung oder eines Geschehens.
- Sie wird mit den Fragewörtern **wozu?**, **in welcher Absicht?**, **zu welchem Zweck?** erfragt.
- Häufig wird sie mit der Präposition **zu** eingeleitet.

Zu deiner Information habe ich ein Arbeitspapier erstellt.
Zum Lernen braucht man Zeit und Geduld.
Er braucht **zur Entspannung** gute Musik.

Die adverbiale Bestimmung der Bedingung (Konditionaladverbiale)

- Sie gibt Auskunft über die **näheren Umstände** oder **Bedingungen** eines Geschehens oder Sachverhalts.
- Sie wird mit **unter welcher Bedingung?**, **in welchem Fall?** erfragt.
- Sie kann mit Präpositionen wie **bei** oder **unter** stehen.

Unter diesen Umständen lehnte er das Angebot ab.
Bei Kälte zieht sich Wasser zusammen.

Die adverbiale Bestimmung der Folge (Konsekutivadverbiale)

- Sie gibt Auskunft über die **Folgen** eines Geschehens oder einer Handlung.
- Sie wird mit den Fragewörtern **mit welcher Folge?**, **mit welcher Wirkung?** erfragt.
- Sie kann mit einer Präposition wie **zu** stehen.

Zu meinem Erstaunen sind alle da.
Das Konzert wird **zum Entsetzen der Fans** abgesagt.

Die adverbiale Bestimmung der Einräumung (Konzessivadverbiale)

- Sie gibt Auskunft über den **Gegengrund** oder den **(wirkungslosen) Grund** eines Geschehens.
- Sie wird mit den Fragewörtern **trotz wessen?**, **trotz welcher Voraussetzung?** erfragt.
- Sie kann mit einer Präposition wie **trotz** stehen.

Trotz der Hitze ging die Arbeit gut voran.

> **BESONDERS NÜTZLICH**
>
> **Die Unterscheidung von adverbialer Bestimmung und Präpositionalobjekt**
>
> Der **äußeren Form** nach können die adverbiale Bestimmung und das Präpositionalobjekt (↑ S. 40) identisch sein, wenn die adverbiale Bestimmung auch aus einer Präposition mit Substantiv besteht.
>
> Die Schüler stehen **auf dem Schulhof.** (adverbiale Bestimmung des Ortes)
> Der Lehrer beharrt **auf seinem Standpunkt.** (Präpositionalobjekt)
>
> Durch die **richtige Fragestellung** kann man sicher entscheiden, ob es sich um ein Präpositionalobjekt oder eine adverbiale Bestimmung handelt:
>
> - Bei einer **adverbialen Bestimmung** ist die Präposition in der Fragestellung vermeidbar.
>   Die Schüler stehen **auf dem Schulhof.** – Wo stehen sie?
> - Bei einem **präpositionalen Objekt** braucht man immer ein Fragepronomen und eine Präposition. Diese sind häufig miteinander verschmolzen (wozu?, woran?).
>   Der Lehrer beharrt **auf seinem Standpunkt.** – Worauf beharrt er?
>
> Die Verschmelzung von Fragepronomen und Präposition heißt **Pronominaladverb**. Gebildet werden die Pronominaladverbien aus den Adverbien **da, hier** und **wo** und den Präpositionen **an, auf** usw. Beginnt eine dieser Präpositionen mit einem Vokal, wird **dar-** statt **da** und **wor-** statt **wo** gebraucht.
>
> | da(r)-
hier- +
wo(r)- | an, auf, aus,
bei, durch, für,
gegen, hinter usw. | daran, darauf, daraus, dabei, dadurch, dafür usw.
hieran, hierauf, hieraus, hierbei, hierdurch usw.
woran, worauf, woraus, wobei, wodurch, wofür usw. |
> |---|---|---|

4.2 Die Satzarten

Man unterscheidet **Aussage-, Frage-** und **Aufforderungssätze** je nach Sprechabsicht und Satzform. Sie werden in der gesprochenen Sprache durch die Intonation des Sprechers gekennzeichnet, in der geschriebenen Sprache an den Satzschlusszeichen erkannt. Ein Ausruf (Interjektion) ist kein vollständiger Satz (↑ S. 35).

4.2.1 Der Aussagesatz (Deklarativsatz)

- Der Aussagesatz ist die häufigste Satzart.
- Mit ihm wird ein **Sachverhalt** ausgesagt oder mitgeteilt.
  Das Buch ist spannend.
- Die Personalform des Verbs steht an **zweiter Stelle**.
  Die Kinder **gehen** gerne in die Schule.
- Am Ende des Aussagesatzes steht ein Punkt.
  Der Zug fährt gleich ab.

4.2.2 Der Fragesatz (Interrogativsatz)

Der Fragesatz wird verwendet, wenn man etwas erfahren will, was man noch nicht weiß.	Hast du heute Nachmittag Zeit? Wer hat das gesagt?
Entscheidungsfrage (Wortfrage): ■ Die Personalform des Verbs steht an **erster Stelle**. ■ Die Antwort lautet entweder **ja** oder **nein**. **Ergänzungsfrage:** ■ Ergänzungsfragen werden durch ein **Fragewort** eingeleitet (**wer, was, wann, wo** usw.) ■ Die Personalform des Verbs steht an **zweiter Stelle** hinter dem Fragepronomen. ■ Die Antwort besteht aus mehreren Wörtern oder einem ganzen Satz.	**Kommst** du mit ins Schwimmbad? – Ja, klar. **Hast** du den Vogel dort gesehen? – Nein. Wo ist mein Schlüssel? Wer ist am 15. März geboren? Wo **geschah** der Überfall? Wie **konnte** der Täter entkommen? Der Täter entkam mit einem gestohlenen Wagen.

4.2.3 Der Aufforderungssatz (Imperativsatz)

- Der Aufforderungssatz kann je nach Sprecherabsicht eine **Bitte,** einen **Befehl**, eine **Forderung** oder einen **Vorschlag** zum Ausdruck bringen. Der Sprecher oder Schreiber richtet sich damit an eine andere Person.
  Hör doch auf!
  Sei ruhig!
  Halt mal kurz!
  Gib das her!
- Die Personalform des Verbs steht in der Befehlsform (**Imperativ**) (↑ S. 23) und befindet sich im Satz an **erster Stelle**.
  Machs doch so!
  Rühren Sie jetzt alles kräftig um.
- Wenn der Sprecher eine Aufforderung an eine Gruppe richtet und sich selbst mit einschließt oder wenn er die angesprochene Person siezt, steht das Verb des Aufforderungssatzes im **Konjunktiv I Präsens**.
  Nehmen wir doch die U-Bahn!
  Seien wir ehrlich!
  Seien Sie pünktlich!
  Gehen Sie doch ins Kino!
- Aufforderungssätze enden bei **allgemeinen Aufforderungen** meist mit dem **Infinitiv** eines Verbs.
  Das Mehl löffelweise **hinzufügen**!
  Nicht aus dem Fenster **lehnen**!

4.3 Die Satzformen

4.3.1 Der Hauptsatz

Merkmale

Als Hauptsatz bezeichnet man einen Satz, der selbstständig für sich allein stehen kann und von keinem anderen Satz abhängt.

- Jeder einfache Aussagesatz ist ein Hauptsatz. Er besteht mindestens aus einem Subjekt und einem Prädikat.

  Sie   liest.
  Subjekt   Prädikat

- Der Hauptsatz kann durch Satzglieder (Objekte, adverbiale Bestimmungen) erweitert werden.

  Sie   liest   gerade   ein Buch.
  Subjekt Prädikat adv. Bestimmung Objekt
                           der Zeit

- Im Hauptsatz steht die Personalform des Verbs immer an **zweiter Stelle**.

  Ich **esse** ein Brötchen mit Marmelade.
  Danach **esse** ich auch noch eines mit Käse.

4.3.2 Der Nebensatz (Gliedsatz)

Merkmale

Als Nebensatz bezeichnet man einen Satz, der nicht für sich allein stehen kann, sondern von einem anderen Satz abhängt.

- Er wird durch unterordnende Konjunktionen an den Hauptsatz gebunden.

  als, nachdem, weil, wenn

- Die Personalform des Verbs steht immer am Ende des Nebensatzes.

  Ich esse ein Brötchen mit Marmelade, weil ich Marmelade **mag**.

- Nebensätze sind dem Hauptsatz
  – nachgestellt,

  Sie kam nach Bonn zurück (Hauptsatz), nachdem sie ein Jahr im Ausland gelebt hatte (Nebensatz).

  – vorangestellt oder

  Nachdem sie ein Jahr im Ausland gelebt hatte (Nebensatz), kam sie nach Bonn zurück (Hauptsatz).

  – in ihn eingeschoben.

  Sie kam (Hauptsatz Teil I), nachdem sie ein Jahr im Ausland gelebt hatte (Nebensatz), nach Bonn zurück (Hauptsatz Teil II).

Die große Gruppe der Nebensätze lässt sich einteilen:
- nach der Art der **Verknüpfung** des Nebensatzes mit dem Hauptsatz,
- nach den verschiedenen **Satzteilen,** die sie vertreten können.

Relativsatz, Konjunktionalsatz, indirekter Fragesatz, Infinitivsatz und Partizipialsatz
Subjektsatz, Objektsatz, Adverbialsatz, Attributsatz

4.3 Die Satzformen

Nebensätze nach der Art der Verknüpfung

Der Relativsatz

- Ein Relativsatz wird eingeleitet durch
  - ein **Relativpronomen** (↑ S. 31) wie **der, die, das, welcher, welche, welches,**
  - ein **Relativadverb** wie **wo, wie, wohin, woher.**
- Das Relativpronomen bezieht sich auf ein Wort im Hauptsatz. Es stimmt in Genus und Numerus mit diesem **Bezugswort** überein.
- Der **Kasus** des Relativpronomens hängt davon ab, welches **Satzglied** das Relativpronomen innerhalb des Relativsatzes darstellt.
- Vor dem Relativpronomen kann eine Präposition stehen.
- Relativsätze nehmen in Hinsicht auf das Bezugswort die Stelle eines **Attributes** ein.

Das Auto, **das als gestohlen gemeldet war,** wurde gefunden.
Dort, **wo er stand,** war die Erde aufgeweicht.
Die Kinder, **denen** ich ein Eis geschenkt habe, freuen sich.
Numerus: Plural (Kinder)
Kasus: Dativ: **Wem** habe ich ein Eis geschenkt?

Ich zeige dir das Haus, **in das** ich einziehen werde.
Das Brot, **das ich gekauft habe,** ist lecker.
Das **gekaufte** Brot ist lecker.

Der Konjunktionalsatz

- Ein Konjunktionalsatz wird durch **unterordnende Konjunktionen** wie **als, nachdem, weil, während, ob** u.a. mit dem Hauptsatz verbunden.

Während du schliefst, ist der Besuch eingetroffen.
Es ist noch nicht sicher, **ob wir in Urlaub fahren können.**

Der indirekte Fragesatz (Interrogativsatz)

- Ein indirekter Fragesatz wird durch die gleichen Fragepronomen (Interrogativpronomen) eingeleitet wie der direkte Fragesatz. Zu den Fragepronomen gehören **was?, wann?, wer?, warum?** Der indirekte Fragesatz kann eine **Entscheidungsfrage** oder eine **Ergänzungsfrage** sein. Eine indirekte Entscheidungsfrage wird durch die unterordnende Konjunktion **ob** eingeleitet.
- Indirekte Fragesätze, die mit **ob** eingeleitet werden, sind **Konjunktionalsätze;** werden sie mit einem Interrogativpronomen (↑ S. 31) eingeleitet, handelt es sich um **Pronominalsätze.**
- Nach indirekten Fragesätzen steht kein Fragezeichen.
- Der indirekte Fragesatz kann die Stelle eines **Subjekt-** oder eines **Objektsatzes** einnehmen.

Ich weiß nicht, **was ich tun soll.**
(**Was** soll ich tun?)
Melanie möchte wissen, **wann wir uns treffen.**
(**Wann** treffen wir uns?)

Melanie fragt, **ob Lena auch kommt.**
(Kommt Lena auch? – Ja.)

Wer das getan hat, soll sich melden.
Wer soll sich melden? – Der Täter.
Ich weiß nicht, **was du willst.**
Was weiß ich nicht? – Was du willst.

Der Infinitivsatz

- Der Infinitivsatz besteht aus einer Infinitivgruppe mit **zu**. Die Partikel **zu** trennt den Infinitiv vom Verbzusatz. Erweitert sein kann dieser Infinitiv um ein Objekt oder eine adverbiale Bestimmung.
- Der Infinitivsatz kann die Stelle eines
  – Subjektsatzes,

  – Objektsatzes,

  – Adverbialsatzes einnehmen.

Die Mannschaft beschließt, **nicht vorschnell aufzugeben.**
Wir haben das Recht, **Fehler** zu machen.
Ich freue mich, **heute hier** zu sein.

Es ist schön, **hier zu sein.**
(Was ist schön?)
Kira ist stolz, **das Examen bestanden zu haben.**
(Worauf ist Kira stolz?)
Wir beeilen uns, **um nicht zu spät zu kommen.**
(Warum beeilen wir uns?)

Der Partizipialsatz

- Ein Partizipialsatz wird mit einem **Partizip I** (Partizip Präsens) oder einem **Partizip II** (Partizip Perfekt) gebildet.
- Der Partizipialsatz bezieht sich auf das **Subjekt** des Hauptsatzes.
- Meistens wird das Partizip erweitert.

Auf einen Sieg **hoffend,** drückte sie ihrer Mannschaft die Daumen.
Gerade **angekommen,** musste er schon wieder los.
Vor Anstrengung keuchend, konnte **er** nichts sagen.
Den Kopf in den Nacken gelegt, schaute er zum Himmel.

Nebensätze nach der Art ihrer Funktion

Der Subjektsatz

- Beim Subjektsatz nimmt der **gesamte Nebensatz** die Stelle eines **Subjekts** im Satz ein.
- Der Subjektsatz kann, wie ein einzelnes Wort als Subjekt, mit der Frage **wer?** oder **was?** erfragt werden.

Wer rechtzeitig da ist, schafft die Arbeit ohne Probleme.
Wer schafft die Arbeit ohne Probleme? – Wer rechtzeitig da ist.
Dass alle da sind, ist offensichtlich.
Was ist offensichtlich? – Dass alle da sind.

Der Objektsatz

- Beim Objektsatz nimmt der **gesamte Nebensatz** die Stelle eines **Objekts** im Satz ein.
- Man fragt nach dem Objektsatz mit dem Fragewort, das für den entsprechenden Kasus bestimmt ist: **wen?, was?, wem?, wessen?**
- Am häufigsten kommen Objektsätze anstelle einer Akkusativergänzung vor, Objektsätze im Genitiv oder Dativ sind selten.

Sie möchte nicht, **dass wir kommen.**
Was möchte sie nicht? – Unser Kommen (dass wir kommen).
Wer mein Freund ist, dem vertraue ich.
Wem vertraue ich? – Meinem Freund (wer mein Freund ist).
Wir erinnerten uns, **dass sie rote Haare hatte.**
Wessen erinnerten wir uns? – Ihrer roten Haare.

4.3 Die Satzformen

Der Adverbialsatz

- Beim Adverbialsatz nimmt der **gesamte** Nebensatz die Stelle einer **adverbialen Bestimmung** ein und wird mit den jeweiligen Fragewörtern erfragt.
- Häufig werden Adverbialsätze durch eine **Konjunktion** eingeleitet. Sie sind der Form nach also Konjunktionalsätze.

Als das Essen beendet war, tranken wir Tee.
Nach dem Essen tranken wir Tee.
adverbiale Bestimmung der Zeit (↑ S. 42)

Arten von Adverbialsätzen

Es gibt, entsprechend den adverbialen Bestimmungen, viele verschiedene Adverbialsätze:

Kausalsatz:
- Der Kausalsatz gibt den **Grund** oder die **Ursache** einer Handlung oder eines Zustandes an.
- Er wird häufig eingeleitet durch die Konjunktionen **da** oder **weil**.
- Nach dem Kausalsatz fragt man mit **warum?** oder **aus welchem Grund?**

Ich habe keinen Hunger, **da ich gut gefrühstückt habe.**
Wir treffen uns im Freibad, **weil wir am Nachmittag freihaben.**

Konditionalsatz:
- Der Konditionalsatz gibt die **Bedingung** oder **Voraussetzung** an, unter der eine Handlung stattfindet oder eine Aussage gilt.
- Er wird häufig eingeleitet durch die Konjunktionen **wenn, falls** oder **sofern**.
- Nach dem Konditionalsatz fragt man mit **unter welcher Bedingung?** oder **unter welcher Voraussetzung?**

Wenn du willst, gehen wir zusammen in die Stadt.
Im Garten müssen die Blumen gegossen werden, **falls es nicht regnet.**
Wir werden mit den Aufgaben bald fertig sein, **sofern uns kein Fehler unterläuft.**

Finalsatz:
- Der Finalsatz gibt das **Ziel**, die **Absicht** oder den **Zweck** einer Handlung an.
- Er wird häufig eingeleitet durch die Konjunktionen **damit** und **dass** oder als **Infinitivsatz** mit der Infinitivkonjunktion **um** (↑ S. 34).
- Nach dem Finalsatz fragt man mit **wozu?, in welcher Absicht?** oder **zu welchem Zweck?**

Beeil dich, **damit wir pünktlich losgehen können.**
Pass auf, **dass du nichts vergisst.**
Er trainiert hart, **um in die Landesauswahl zu kommen.**

Konsekutivsatz:
- Der Konsekutivsatz gibt die **Folge** oder die **Wirkung** eines Geschehens oder Sachverhalts an.
- Er wird häufig eingeleitet durch die Konjunktionen **sodass** oder **dass**.
- Nach dem Konsekutivsatz fragt man mit **mit welcher Folge?** oder **mit welcher Wirkung?**

Leider hatte der Zug Verspätung, **sodass ich den Anschlusszug nicht erreicht habe.**
Wir haben **so** viel gesehen, **dass wir nun völlig erschöpft sind.**

Arten von Adverbialsätzen (Fortsetzung)

Konzessivsatz:
- Der Konzessivsatz gibt eine **Einräumung** zu einem Sachverhalt an. Man spricht auch von einem **nicht ausreichenden Gegengrund**.
- Er wird häufig eingeleitet durch die Konjunktionen **obwohl, obgleich, auch wenn, wenngleich** oder **obschon**.
- Man fragt nach ihnen **trotz wessen?** oder **trotz welchen Hindernisses?**

Obwohl das Wetter schlecht ist, gehen wir wandern.
Du hast den Raum verlassen, **obschon ich es nicht erlaubt habe.**
Auch wenn die Arbeit recht schwierig ist, lässt sie sich nicht aus der Ruhe bringen.
Obgleich die Solisten noch sehr jung waren, haben sie hervorragend gesungen.
Ich fühle mich schon viel erholter, **wenngleich die Pause recht kurz war.**

Temporalsatz:
- Der Temporalsatz gibt einen **Zeitpunkt** oder eine **Zeitdauer** an.
- Die im Nebensatz beschriebene Handlung kann sich zur selben Zeit wie die Handlung des Hauptsatzes ereignen **(Gleichzeitigkeit)**, das Geschehen im Nebensatz kann vor dem des Hauptsatzes liegen **(Vorzeitigkeit)** oder es kann ihm folgen **(Nachzeitigkeit)**.
- Er wird häufig eingeleitet durch die Konjunktionen **als, nachdem, während, seit, ehe** oder **bevor**.
- Man fragt nach ihnen mit **wann?, bis wann?, seit wann?** oder **wie lange?**

Als wir endlich zu Hause ankamen, waren alle müde.
Der Fernseher lief den ganzen Abend, **während sie Besuch von den Nachbarn hatten.**
Bevor sie zurückgingen, schauten sie sich alles in Ruhe an.
Nachdem er angekommen war, ruhte er sich aus.

Adversativsatz:
- Im Adversativsatz werden Aussagen einander **gegenübergestellt**.
- Er wird häufig eingeleitet durch die Konjunktionen **während, wenn, anstatt, außer dass** oder **wohingegen**.
- Man fragt nach Adversativsätzen mit **was passiert andererseits (nicht)?** oder **was passiert im Gegensatz dazu (nicht)?**

Ich muss in der Küche helfen, **wohingegen meine Schwester weiter spielen darf.**
Während ich am liebsten Schokolade mag, wird dir davon übel.
Du solltest besser in den Schatten gehen, **anstatt dass du in der Sonne liegst** (anstatt in der Sonne zu liegen).

Modalsatz:
- Der Modalsatz gibt die genaueren **Umstände** einer Handlung an.
- Er wird häufig durch die Konjunktionen **indem, wobei, dadurch dass** oder **wie** eingeleitet.
- Man fragt nach ihnen mit **wie?, wodurch?, mit welchem Mittel?** oder **unter welchen Begleitumständen?**

Er begann seine Rede, **indem er die Zuhörer begrüßte.**
Sie gaben sich die Hand, **wobei sie einander in die Augen sahen.**
Dadurch dass er das Band zerschneidet, eröffnet der Bürgermeister die neue Straße.

Lokalsatz:
- Der Lokalsatz gibt den **Ort** und die **Richtung** an.
- Er wird durch Adverbien wie **wo, wohin** oder **woher** eingeleitet.
- Man fragt nach ihnen mit **wo?, wohin?, woher?**

Die Jugendherberge liegt dort, **wo die drei großen Bäume stehen.**
Du kannst gehen, **wohin du willst.**

Der Attributsatz

- Der Attributsatz tritt an die Stelle eines **Attributs** (↑ S. 41).
- Man fragt nach ihm mit dem Fragepronomen **welcher?, welches?** oder **welche?**
- Der Attributsatz tritt fast immer in Form eines **Relativsatzes** (↑ S. 47) auf.

Das **gesuchte** Buch fand ich in einem Fachgeschäft.
Das Buch, **das ich suchte,** fand ich in einem Fachgeschäft.
Wir haben den Kuchen, **den ich gestern gebacken habe**, bis auf den letzten Krümel aufgegessen.

BLICKPUNKT

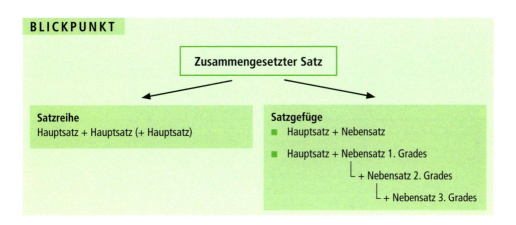

4.3.3 Die Satzreihe (Parataxe)

Merkmale

- Wenn ein **Hauptsatz** mit einem anderen **Hauptsatz** verbunden ist, spricht man von einer Satzreihe oder einer Satzverbindung.
- Hauptsätze können verbunden sein durch:
  – Kommas (↑ S. 66) oder

  – Komma und eine nebenordnende Konjunktion (↑ S. 65).

- Bei den nebenordnenden Konjunktionen **und** oder **oder** kann das Komma entfallen.

An Weihnachten hoffen wir jedes Jahr auf Schnee und wir warten meistens vergebens.

Die Kerzen brennen, es herrscht eine festliche Stimmung.
Morgen kann ich ausschlafen, **denn** es ist Sonntag.
Ich würde gerne noch bleiben, **aber** mein Bus fährt bald.
Kommst du mit[,] **oder** hast du etwas anderes vor?

4.3.4 Das Satzgefüge (Hypotaxe)

Merkmale

- Wenn ein **Hauptsatz** und ein **Nebensatz** miteinander verbunden sind, spricht man von einem Satzgefüge.
- Nebensätze können an **unterschiedlichen Stellen** stehen (↑ S. 46).
- Von einem Hauptsatz können auch **mehrere Nebensätze** abhängen.
- Von einem Nebensatz (**Nebensatz 1. Grades**), der selbst von einem Hauptsatz abhängt, kann wiederum ein Nebensatz (**Nebensatz 2. Grades**) abhängen.

Weil es dunkel wird, mache ich die Lampe an.
    Nebensatz   Hauptsatz

Das Buch, **das ich mir ausgeliehen habe**, habe ich sofort gelesen, **weil es so spannend war.**
Das Kino war bereits voll besetzt (Hauptsatz), sodass alle Leute (Nebensatz 1. Grades), die noch draußen warteten (Nebensatz 2. Grades), keinen Platz mehr bekamen (Nebensatz 1. Grades).

BESONDERS NÜTZLICH

Die Zeitenfolge im Satzgefüge

Ob eine Handlung in der Gegenwart, in der Vergangenheit oder in der Zukunft stattfindet, kann man an der Zeitform des Verbs im Hauptsatz ablesen. Die Zeitform des Verbs im Nebensatz drückt aus, in welcher zeitlichen Relation der Nebensatz zum Hauptsatz steht, von dem er abhängt. Es gibt drei Möglichkeiten, in welcher Relation der Nebensatz zum Hauptsatz stehen kann: vorzeitig, gleichzeitig oder nachzeitig.

- **Gleichzeitige Handlung von Haupt- und Nebensatz**

Hauptsatz		Nebensatz	
Präsens	→	Präsens	Der Ball **rollt** ins Tor, während die Zuschauer **jubeln**.
Präteritum	→	Präteritum	Ich **öffnete** die Tür, als er die Treppe **heraufkam**.
Perfekt	→	Perfekt	Wir **haben** das Licht **angeschaltet,** weil es dunkel **geworden ist**.

- **Vorzeitige Handlung des Nebensatzes**

Hauptsatz		Nebensatz	
Präsens	→	Präsens	Wir **erledigen** die Aufgaben später, wenn du jetzt keine Zeit **hast**.
Präsens	→	Perfekt	Ich **bin** froh, weil ich dich noch **getroffen habe**.
Präteritum	→	Plusquamperfekt	Ich **kam** zu spät, weil ich den Flug **verpasst hatte**.
Futur	→	Futur	Ich **werde** dir **schreiben**, wenn ich **verreisen werde**.
Futur	→	Präsens	Wir **werden** morgen schon **fliegen**, wenn ich heute die Tickets **bekomme**.
Futur	→	Perfekt	Wir **werden** morgen schon **fliegen**, weil ich heute die Tickets **bekommen habe**.

- **Nachzeitige Handlung des Nebensatzes**

Hauptsatz		Nebensatz	
Präsens	→	Präsens	Er **liest** so lange, bis ihm die Augen **zufallen**.
Präteritum	→	Präteritum	Es **schneite** stundenlang, sodass man nicht mehr aus der Tür **kam**.
Futur	→	Präsens	Ich **werde** das Bild fertig **malen**, bevor ich Ferien **habe**.

RECHTSCHREIBUNG UND ZEICHENSETZUNG

1	**Die Groß- und Kleinschreibung**	**54**
1.1	Satzanfang, Überschriften, Titel	54
1.2	Substantive und Substantivierungen	54
■	**BESONDERS NÜTZLICH** Die Großschreibung nach bestimmten Substantivendungen	54
1.3	Adjektive und Partizipien	55
1.4	Eigennamen	55
1.5	Zeitangaben	56
1.6	Geografische Bezeichnungen und Herkunftsbezeichnungen	56
1.7	Die Anrede	56
2	**Die Getrennt- und Zusammenschreibung**	**57**
2.1	Verbindungen mit einem Verb	57
■	**BESONDERS NÜTZLICH** Zwischen Getrennt- und Zusammenschreibung frei wählen	57
2.2	Verbindungen mit Adjektiven und Partizipien	58
■	**BESONDERS NÜTZLICH** Zwischen Getrennt- und Zusammenschreibung frei wählen	58
■	**BESONDERS NÜTZLICH** Immer getrennt und immer zusammen	58
3	**Die Dehnung und die Schärfung**	**59**
3.1	Möglichkeiten der Dehnung	59
3.2	Schärfung durch Doppelkonsonanten und Konsonantenhäufung	59
3.3	Der s-Laut	59
■	**BESONDERS NÜTZLICH** **das** oder **dass**	60
4	**Gleich und ähnlich klingende Laute**	**60**
■	**BESONDERS NÜTZLICH** Die Silben **end-/ent-, -and/ant-** und **tod-/tot-**	61
5	**Die Fremdwörter**	**62**
5.1	Fremdwörter aus dem Englischen	62
5.2	Fremdwörter aus dem Französischen	62
5.3	Mehrteilige Fremdwörter	62
6	**Die Zeichensetzung**	**63**
6.1	Das Komma	64
6.1.1	Das Komma bei Aufzählungen	64
■	**BESONDERS NÜTZLICH** Das Komma in einer Reihung von Adjektiven	64
6.1.2	Das Komma in Satzreihen	65
■	**BESONDERS NÜTZLICH** Das Komma bei **als** und **wie**	65
6.1.3	Das Komma in Satzgefügen	65
6.1.4	Das Komma bei Infinitiv- und Partizipialgruppen	65
6.1.5	Das Komma bei Zusätzen und Nachträgen	66
6.1.6	Das Komma bei Anrede und Ausruf	66
6.1.7	Freie Entscheidung über das Setzen des Kommas: die Kann-Regel	66
6.2	Der Punkt	67
■	**BESONDERS NÜTZLICH** Die Zeichensetzung in der direkten Rede	67
7	**Die Worttrennung**	**68**
7.1	Die Trennung einfacher Wörter	68
7.2	Die Trennung zusammengesetzter Wörter	68
7.3	Die Trennung von Fremdwörtern	68

1 Die Groß- und Kleinschreibung

1.1 Satzanfang, Überschriften, Titel

- Am Anfang eines **Satzes** schreibt man groß.
- Das erste Wort der direkten Rede schreibt man groß.
- Das erste Wort nach einem **Doppelpunkt** wird großgeschrieben, wenn ein vollständiger Satz folgt.
- Folgt nach einem Doppelpunkt kein vollständiger Satz, schreibt man das erste Wort klein.
- Das erste Wort einer **Überschrift** oder den **Titel** eines Buches, Films oder einer Zeitschrift schreibt man groß.

Heute gehen wir in den Zoo.
Er sagt: »Wir haben uns lange nicht gesehen.«
Die Antwortet lautet: Wir kommen gerne.

Er hat in Rom alles gesehen: das Kolosseum, den Petersdom, das Forum Romanum.
Eine abenteuerliche Reise
Kennst du das Buch »Die Vorstadtkrokodile«?
Der Artikel stand letzte Woche im »Spiegel«.

1.2 Substantive und Substantivierungen

- Alle Substantive schreibt man groß. Oft haben sie einen Begleiter bei sich, an dem man sie als Substantiv erkennen kann.
- Andere Wortarten schreibt man groß, wenn sie als Substantive gebraucht werden (**Substantivierung**). Sie werden dann oft – aber nicht immer – durch einen Begleiter angekündigt:
  – Verben,
  – Adjektive und Partizipien,
  – Pronomen und Zahlwörter,
  – Adverbien,
  – Präpositionen,
  – Konjunktionen,
  – Interjektionen.

d**as** Fenster, ein Tisch (Artikel)
fröhliches **K**ind (Adjektiv als Attribut)
am **B**aum, im **H**aus (Präposition + Artikel)

das Laufen, fröhliches Singen, beim Schreiben
im Großen und Ganzen, das Gekochte
das lyrische Ich, der Erste, jeder Dritte
im Voraus, im Nachhinein, das Auf und Ab
das Für und Wider
ohne Wenn und Aber
das Ach und Weh

BESONDERS NÜTZLICH

Die Großschreibung nach bestimmten Substantivendungen

Wörter mit den Suffixen (Nachsilben) **-heit, -keit, -nis, -schaft, -tum** und **-ung** sind Substantive. Sie werden deshalb immer großgeschrieben.

-heit: Kindheit, Krankheit, Kühnheit, Rauheit, Schönheit
-keit: Einigkeit, Fröhlichkeit, Grausamkeit, Heiterkeit
-nis: Ergebnis, Erlaubnis, Geheimnis, Verständnis
-schaft: Eigenschaft, Freundschaft, Gesellschaft
-tum: Eigentum, Fürstentum, Irrtum, Wachstum
-ung: Ahnung, Belohnung, Beratung, Strömung

1.3 Adjektive und Partizipien

■ Substantivierte Adjektive und Partizipien (↑ S. 54) werden großgeschrieben. ■ Nach den Indefinitpronomen **viel, wenig, alles, nichts, manches** oder **etwas** werden Adjektive meist zu Substantiven und dann großgeschrieben. ■ Unbestimmte Zahladjektive werden als Substantive in der Regel großgeschrieben.	der Alte, ins Schwarze, des Weiteren, auf dem Laufenden sein, das Folgende, das Gesagte alles Übrige, nichts Richtiges, manches Schöne, etwas Neues Du bist der Einzige, der uns helfen kann.
■ Die vier Zahladjektive **viel, wenig, (der, die, das) eine, (der, die, das) andere** werden in allen Formen in der Regel kleingeschrieben. ■ Adjektive und Partizipien werden trotz eines Begleiters kleingeschrieben, wenn sie sich auf ein vorhergehendes Substantiv beziehen. ■ Superlative mit **am** werden kleingeschrieben.	Das haben schon viele gesagt. Die einen raten zum Hauskauf, die anderen raten ab. Ich weiß nicht, welchen Pullover ich anziehen soll, den roten oder den schwarzen. (Bezug auf Pullover) schön, schöner, **am** schönsten
■ Superlative, die mit **auf das** oder **aufs** gebildet und mit **wie?** erfragt werden, können groß- oder kleingeschrieben werden. ■ Wenn diese Wendungen mit **worauf?** erfragt werden, schreibt man den Superlativ groß.	Ich werde dich aufs Schmerzlichste/schmerzlichste vermissen. Wir waren aufs Beste/beste vorbereitet. Wir sind auf das/aufs Schlimmste gefasst.

1.4 Eigennamen

■ Eigennamen schreibt man immer groß. ■ In mehrteiligen Eigennamen und in vielen festen Begriffen wird häufig auch das dazugehörige Adjektiv großgeschrieben. Zu diesen Eigennamen gehören geografische Bezeichnungen (von Erdteilen, Ländern, Städten, Landschaften, Meeren, Flüssen und Bergen), Personennamen, historische Ereignisse u. a.	Katharina, München, Hamburg, Alpen, Pazifik der Stille Ozean, Vereinigtes Königreich von Großbritannien und Nordirland, Katharina die Große, die Französische Revolution, der Westfälische Friede, der Heilige Abend, der Schiefe Turm von Pisa, der Deutsche Schäferhund, der Erste Mai
■ Von Personennamen abgeleitete Adjektive auf **-(i)sch** werden kleingeschrieben. Möglich ist hier auch die Großschreibung mit Apostroph.	die lutherische Bibel, platonische Schriften, das ohmsche Gesetz, das Ohm'sche Gesetz, die Luther'sche Bibel
■ Bei den meisten festen Begriffen schreibt man die Adjektive klein. ■ Adjektive, die mit dem folgenden Substantiv einen Gesamtbegriff bilden, können zur Hervorhebung auch großgeschrieben werden.	die schwarze Magie, das neue Jahr, analytische Geometrie die Gelbe/gelbe Karte, ein blauer/Blauer Brief, Erste/erste Hilfe leisten

1.5 Zeitangaben

■ Zeitangaben werden großgeschrieben, wenn sie **Substantive** sind. Man erkennt sie an Begleitern, einem Pronomen oder einer Präposition.	der Abend, der Morgen, am Freitag, in der Nacht, jeden Dienstag, dieser Mittag, am nächsten Montagabend
■ **Adverbien,** die als Zeitangaben gebraucht werden, werden kleingeschrieben. Man erkennt sie an der Endung **-s.**	morgens, mittags, abends, nachts, montags, freitags, montagmorgens, montagmittags, samstagnachmittags
■ In **kombinierten Tageszeitangaben** schreibt man die Substantive groß und die Adverbien klein.	heute Morgen, gestern Mittag, morgen Abend, vorgestern Nacht

1.6 Geografische Bezeichnungen und Herkunftsbezeichnungen

■ In Zusammensetzungen mit mehrteiligen Eigennamen, die durch einen Bindestrich verbunden sind, werden die Eigennamen großgeschrieben. ■ In mehrteiligen Eigennamen werden häufig auch die Bestandteile, die keine Substantive sind, großgeschrieben.	Rhein-Main-Gebiet, Albrecht-Dürer-Straße, Franz-Josef-Strauß-Flughafen, Willy-Brand-Ring Freie Hansestadt Bremen, der Nahe Osten, das Alte Land, das Rote Meer, der Indische Ozean
■ Herkunftsbezeichnungen auf **-er** werden immer großgeschrieben.	der Kölner Dom, das Bonner Münster, das Berliner Wahrzeichen, die Magdeburger Börde
■ Herkunftsbezeichnungen auf **-isch** gehören zu den Adjektiven und werden deshalb kleingeschrieben. ■ Wenn das auf **-isch** abgeleitete Adjektiv jedoch Teil eines Eigennamens ist, wird es großgeschrieben.	indischer Tee, kopernikanisches Weltsystem, schottisches Muster, badischer Wein Die Mecklenburgische Seenplatte, die Schwäbische Alb

1.7 Die Anrede

■ Das Anredepronomen (Fürwort) **Sie,** seine Dativform **Ihnen** für die höfliche Anrede und das entsprechende Possessivpronomen **Ihr** schreibt man groß.	Gehen Sie bitte zur Seite. Ich werde Ihnen alles erklären. Wie geht es Ihren Kindern?
■ Die Anredepronomen **du** und **ihr** und die entsprechenden Possessivpronomen **dein** und **euer** schreibt man klein. In Briefen können diese Formen auch großgeschrieben werden.	Lieber Claus, ich hoffe, Du/du hattest schöne Ferien und Deine/deine Familie und Du/du, Ihr/ihr habt euch gut erholt. Ich habe Eure/eure Karte aus Rom gestern bekommen.

2 Die Getrennt- und Zusammenschreibung

Wortgruppen schreibt man getrennt, **Zusammensetzungen** jedoch zusammen. Die Unterscheidung ist nicht immer einfach.

2.1 Verbindungen mit einem Verb

Die Getrenntschreibung

Bei zwei Wortakzenten schreibt man getrennt.	auf**ei**nander **a**chten, qu**e**r (im Bett) l**ie**gen
Folgende Verbindungen, deren zweiter Bestandteil ein Verb ist, werden meist getrennt geschrieben: ■ Substantiv + Verb (wenn beides betont ist), ■ Adverb + Verb, ■ Adjektiv + Verb (ohne neue Gesamtbedeutung), ■ Verb + Verb, ■ Partizip + Verb, ■ Wortgruppe mit **sein**.	 Rad fahren, Klavier spielen, Zeit haben rückwärts einparken, miteinander reden leichter fallen, zu schwer fallen schwimmen lernen, lesen üben, spazieren gehen gefangen halten, getrennt schreiben da sein, fertig sein, schuld sein, zurück sein

Die Zusammenschreibung

Verbindungen, die ein Verb als zweiten Bestandteil enthalten, werden zusammengeschrieben, ■ wenn sie **als Substantiv gebraucht** werden, ■ wenn es **untrennbare** (feste) Verbindungen mit Substantiven, Adjektiven oder Adverbien sind, ■ wenn durch eine Verbindung von Adjektiv + Verb eine **neue Gesamtbedeutung** entsteht, ■ wenn eine Verbindung aus Adverb + Verb nur **einen Wortakzent** hat, ■ wenn in einer Verbindung aus Substantiv + Verb das **Substantiv** seine **Eigenständigkeit verloren** hat. Im Infinitiv, im Partizip I und II und im Nebensatz wird zusammengeschrieben, sonst getrennt.	 das Autofahren, beim Spazierengehen handhaben, lobpreisen, schlussfolgern langweilen, liebäugeln, durchbrechen krankschreiben, (jemanden) freisprechen, heiligsprechen, kürzertreten hin**au**sschwimmen, hinz**u**kommen abwärtsfließen eislaufen, kopfstehen, leidtun aber: er stand kopf; es tut ihr leid

> **BESONDERS NÜTZLICH**
>
> **Zwischen Getrennt- und Zusammenschreibung frei wählen**
>
> ■ Bei Verbindungen mit **bleiben** oder **lassen** kann getrennt oder zusammengeschreiben werden, wenn die Verbindung eine eigene (übertragene) Bedeutung hat:
> eine Bemerkung fallen lassen/fallenlassen, die Uhr ist stehen geblieben/stehengeblieben
> ■ Bei Verbindungen aus Adjektiv + Verb kann getrennt oder zusammengeschreiben werden, wenn das Adjektiv das **Ergebnis der Tätigkeit** bezeichnet:
> klein schneiden/kleinschneiden, rot färben/rotfärben, warm machen/warmmachen

2.2 Verbindungen mit Adjektiven und Partizipien

Die Getrenntschreibung

Verbindungen, die ein Adjektiv oder ein Partizip als zweiten Bestandteil enthalten, schreibt man getrennt,	
■ wenn es sich beim ersten Teil um ein komplexes Adjektiv handelt,	**grünlich** gelb, **sonnig** warm, **verführerisch** schön,
■ wenn auf ein Partizip I ein Adjektiv folgt,	blendend weiß, drückend/kochend heiß, leuchtend hell
■ wenn der erste Bestandteil gesteigert oder erweitert ist.	schlechter gelaunt, sehr schlecht gelaunt
Bei Verbindungen mit Partizipien, die wie ein Adjektiv verwendet werden, ist neben der Getrenntschreibung auch die Zusammenschreibung möglich.	Rat suchend/ratsuchend, Not leidend/notleidend, alleinerziehend/allein erziehend

BESONDERS NÜTZLICH

Zwischen Getrennt- und Zusammenschreibung frei wählen

Verbindungen von **nicht** mit **Adjektiven** können getrennt oder zusammengeschrieben werden.
nicht öffentlich/nichtöffentlich, nicht rostend/nichtrostend

Die Zusammenschreibung

Verbindungen, die ein Adjektiv oder ein Partizip als zweiten Bestandteil enthalten, schreibt man zusammen,	blutarm, lauwarm, rotbraun, süßsauer, taubstumm
■ wenn der erste Bestandteil die Bedeutung schärft oder vermindert,	bitterböse, brandgefährlich, tiefschwarz, vollwertig, stocktaub, lauwarm
■ wenn einer der Bestandteile in dieser Form nicht allein vorkommt,	blauäugig, hochmütig, letztmalig, mehrdeutig, redselig, vierfach
■ wenn der erste Bestandteil für eine Wortgruppe steht.	butterweich (wie Butter), knöcheltief (bis zum Knöchel)

BESONDERS NÜTZLICH

Immer getrennt und immer zusammen

- Verbindungen mit **irgend-** werden immer zusammengeschrieben:
  irgendjemand, irgendwer, irgendwas, irgendwann, irgendwie, irgendwo

- Immer getrennt geschrieben werden Verbindungen mit **so, wie, zu** mit Adjektiv oder Adverb:
  so/wie/zu viel, so/wie/zu viele, so/wie/zu sehr

Aufgepasst: Konjunktionen wie **soviel** und **soweit** werden zusammengeschrieben.
Soviel/Soweit mir bekannt ist, wird eine neue Autobahn gebaut.

3 Die Dehnung und die Schärfung

Die Kennzeichnung eines **langen Vokals** bezeichnet man als **Dehnung**, die eines **kurzen Vokals** als **Schärfung**.

3.1 Möglichkeiten der Dehnung

- Die betonten langen Vokale **a, e, o,** und **u** können auf unterschiedliche Weise geschrieben werden:
  - Schreibung als einzelner Buchstabe **a, e, o, u,** Plage, weben, Brot, gut
  - Schreibung als Doppelbuchstaben **aa, ee, oo.** Waage, Beet, Moos
  - Schreibung mit dem Dehnungs-h. bezahlen, Fahne, nehmen, Reh, Ruhm, Sohn
- Die Vorsilbe (Präfix) **ur-** und die Nachsilben (Suffixe) **-bar, -sal, -sam** und **-tum** werden ohne Dehnungs-h geschrieben. Ursache, essbar, Schicksal, heilsam, Eigentum
- Das lange **i** kann verschieden geschrieben werden:
  - Schreibung als einzelner Buchstabe **i,** Biber, dir, wir
  - Schreibung mit dem Dehnungs-e als **ie,** bieten, Giebel, Liebe, Riese, schief, tief, wie
  - Schreibung als **ih,** ihm, ihn, ihnen, ihr
  - Schreibung als **ieh.** fliehen, Vieh, ziehen

3.2 Schärfung durch Doppelkonsonanten und Konsonantenhäufung

- Nach einem **kurzen Vokal** wird der nachfolgende **Konsonant** häufig **verdoppelt**. Brett, Ebbe, hoffen, kämmen, Karren, Klippe, Mitte, Wasser, wenn, wollen
- Die Konsonanten **k** und **z** werden nicht verdoppelt, sondern als **ck** und **tz** wiedergegeben. Eine Ausnahme bilden einige Fremdwörter. Decke, bücken, Flocke, Hecke, wecken, Zweck Glatze, Hitze, platzen, schwitzen, sitzen, Stütze Ausnahmen: Akkusativ, Mokka, Sakko, Pizza
- Bei einer **Konsonantenhäufung** folgen auf einen kurzen Vokal zwei oder mehrere Konsonanten. Band, kämpfen, Kerne, Kind, Schmerz, Strumpf, welken

3.3 Der s-Laut

BLICKPUNKT

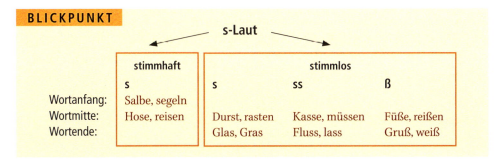

■ Wenn auf einen betonten kurzen Vokal ein (stimmloser) s-Laut folgt, schreibt man **ss**.	im Wortinneren: ha**ss**en, kü**ss**en, Ma**ss**e, mü**ss**en vor Konsonant: sie ha**ss**t, er kü**ss**t, du mu**ss**t am Wortende: Fa**ss**, Flu**ss**, Ha**ss**, Ku**ss**, ich mu**ss**
■ Wenn auf einen betonten langen Vokal oder einen Diphthong (Doppellaut, Zwielaut) ein stimmloser s-Laut folgt, schreibt man **ß**.	im Wortinneren: bei**ß**en, drau**ß**en, flie**ß**en vor Konsonant: es flie**ß**t, sie gie**ß**t, er grü**ß**t am Wortende: Flo**ß**, Fu**ß**, Gru**ß**, Spa**ß**, Sto**ß**
■ Wird der s-Laut in anderen Formen des Wortes stimmhaft, endet das Wort auf **-s**.	Gla**s**–Gläser, Gra**s**–Gräser, Hau**s**–Häuser, er la**s**–lesen
■ Wörter auf **-nis**, **-as**, **-is**, **-os** oder **-us** werden mit **s** geschrieben. Der Plural wird mit **-ss-** gebildet. Dies gilt auch für einige Fremdwörter.	Ergebni**s**, Geheimni**s**, Zeugni**s**, Anana**s**, Atla**s**, Ilti**s**, Kürbi**s**, Albatro**s**, Globu**s**, Bu**s** Ergebni**ss**e, Ilti**ss**e, Albatro**ss**e, Bu**ss**e, Atla**ss**e

BESONDERS NÜTZLICH
das oder dass

- Das Wort **das** kann verschiedene Funktionen übernehmen:
  - als bestimmter Artikel im Neutrum: das Auto, das Kind, das Seil,
  - als Relativpronomen im Neutrum: ... das Auto, **das** ich sah, ...
  - als Demonstrativpronomen im Neutrum: **Das**, was du sagst, ist wahr.

- Das Wort **dass** ist eine Konjunktion:
  Ich sehe, **dass** du da bist. Es hat so sehr geregnet, **dass** die Straße überschwemmt ist.
  Dass du da bist, freut mich.

- Die Ersatzprobe hilft zu entscheiden, ob **das** oder **dass** geschrieben werden muss. Wenn die Wörter **ein, dieses, jenes** oder **welches** eingesetzt werden können, schreibt man **das**.
  Das Buch, **das** ich gelesen habe, war sehr spannend. (**Jenes** Buch, **welches** ich gelesen habe ...)
  Das, was du sagst, gefällt mir. (**Dieses**, was du sagst ...)
  Dass du kommst, weiß ich. (~~Dieses~~ du kommst ...; ~~Jenes~~ du kommst ...)

4   Gleich und ähnlich klingende Laute

Die Laute e und ä	die Stärke, stark	der Bäcker, backen
■ Ein Wort wird mit **ä** geschrieben, wenn es verwandte Wörter oder Wortformen mit **a** gibt.	nämlich, Name	sich rächen, die Rache
■ Einige Wörter schreibt man mit **ä**, auch wenn sie sich von keinem Wort mit **a** ableiten lassen.	abwärts, ähnlich, Ähre, Bär, dämmern, gähnen, Geländer, Lärm, März, sägen, Träne	
■ Einige Wörter werden mit **e** geschrieben, obwohl es verwandte Wörter mit **a** gibt.	schmecken obwohl: Geschmack wecken obwohl: wach	
■ Bestimmte Wörter können mit **e** oder **ä** geschrieben werden.	aufwendig wegen: aufwenden aufwändig wegen: Aufwand	

4 Gleich und ähnlich klingende Laute

Die Diphthonge *eu* und *äu*

- Ein Wort wird mit **äu** geschrieben, wenn es von einem Wort mit **au** stammt.

  der Häuptling ← das Haupt, er läuft ← laufen, der Säugling ← saugen

- Einige Wörter werden mit **äu** geschrieben, auch wenn es keine Ableitung mit **au** gibt.

  Knäuel, sich räuspern, Säule, sich sträuben

Die Diphthonge *ai* und *ei*

- Die meisten Wörter werden mit **ei** geschrieben.

  beißen, fleißig, Kreis, Meise, Reise, schreiben, zeigen

- Nur wenige Wörter werden mit **ai** geschrieben. Sie lassen sich nicht ableiten.

  Hai, Hain, Kai, Kaiser, Laib, Laich, Laie, Mai, Mais, Saite, Waise

- Wird ein Wort mit **ai** geschrieben, werden alle Wörter dieser Wortfamilie mit **ai** geschrieben.

  Kaiser, Kaiserin, kaiserlich, Kaiserthron, Kaiserkrone

  Hafenkai, Kaimauer, Kaianlage

Die Konsonanten *b, d, g* und *p, t, k*

- Am Ende einer Silbe oder am Ende eines Wortes klingen die Konsonanten **b, d, g** und **p, t, k** sehr ähnlich oder gleich.

  er gibt – es fiept, endlich – entweder
  Jagd – dunkel, Staub – Lump, Hand – Haut,
  Berg – Werk

- Um entscheiden zu können, wie ein Wort geschrieben wird, sucht man ein verwandtes Wort mit eindeutiger Schreibung.

  lieb ← Liebe, Wald ← Wälder, geduldig ← geduldiger, Park ← parken, Start ← starten

Die Konsonantenhäufungen *chs, gs, ks, cks*

Für den gesprochenen **ks**-Laut schreibt man in einigen Wörtern statt **x**:

- -ks,   Keks, Koks, schlaksig
- -cks,   Klecks, Knicks
- -gs,   anfangs, flugs, tags, unterwegs, werktags
- -chs-.   Achse, Dachs, drechseln, sechs

BESONDERS NÜTZLICH

Die Silben end-/ent-, -and/-ant und tod-/tot-

end-/ent-

- Die Vorsilbe **end-** zeigt an, dass die Bedeutung etwas mit **Ende** zu tun hat:
  end-lich, **End**-silbe, **End**-spurt, be-**end**-en
- Die Vorsilbe **ent-** bedeutet häufig etwas wie **wegnehmen, weggeben** oder **loswerden**:
  ent-fernen, **ent**-waffnen, **ent**-zaubern, **ent**-leeren, **Ent**-lassung

-and/-ant

Taucht **-and** bzw. **-ant** als Nachsilbe auf, kann man, um bei der Schreibung sicherzugehen, eine flektierte Form bilden.

- -and: Konfirm**and** – Konfirm**anden**, Doktor**and** – Doktor**anden**
- -ant: Spekul**ant** – Spekul**anten**, gal**ant** – der gal**ante** Umgangston

tod-/tot-

- **Zusammengesetzte Verben** werden meist mit ***tot*** gebildet:
  totkriegen, **tot**laufen
- **Zusammengesetzte Adjektive** werden meist mit ***tod*** gebildet:
  todkrank, **tod**sicher

5 Die Fremdwörter

Fremdwörter sind ins Deutsche übernommene Wörter, die ursprünglich **aus anderen Sprachen** stammen. Einige Fremdwörter werden kaum mehr als „fremd" empfunden.

Zwei Schreibungen können dann richtig sein - bei vollständigen Wörtern, - bei einzelnen Silben: **fon/phon, fot/phot** und **graf/graph**.	Cousine – Kusine, Spaghetti – Spagetti Megafon – Megaphon, Fotokopie – Photokopie, Biografie – Biographie

5.1 Fremdwörter aus dem Englischen

Die **Schreibung** unterscheidet sich von der **Aussprache**. - **ee** wird als langes **i** gesprochen. - **ea** wird meist auch als langes **i** gesprochen. - **y** wird als **ei** gesprochen. - **i** wird ebenfalls oft als **ei** gesprochen.	T**ee**nager, J**ee**p J**ea**ns, Fr**ea**k; Ausnahme z. B.: Sw**ea**tshirt B**y**te, Rec**y**cling Des**i**gn, H**i**ghlight
Verbindungen aus **Adjektiv + Substantiv** - werden getrennt geschrieben, wenn man **beide Bestandteile betont,** - können zusammengeschrieben werden, wenn die Betonung auf dem ersten Teil liegt.	Electronic Banking, New Economy, Top Ten, Public Viewing, Sudden Death Hardrock – Hard Rock, Hotdog – Hot Dog, Fast Food – Fastfood, Flatrate – Flat Rate
Verbindungen aus **Verb + Adverb** werden mit Bindestrich oder zusammengeschrieben.	Blackout – Black-out, Play-back – Playback, Countdown – Count-down, Layout – Lay-out

5.2 Fremdwörter aus dem Französischen

Die **Schreibung** unterscheidet sich in der Regel von der **Aussprache**. Gesprochen wird meist: - **ou** als **u**, - **ai** ähnlich wie das deutsche **ä**, - **ill** als **lj** oder **ij**, - **g** vor **e** oder **i** als **ʒ**.	R**ou**te, T**ou**rist, aber auch: C**ou**sine – Kusine Pal**ai**s, S**ai**son Meda**ill**e, Ta**ill**e In**g**enieur, Gara**g**e, Passa**g**ier

5.3 Mehrteilige Fremdwörter

In mehrteiligen Substantiven werden der Wortanfang und die substantivischen Bestandteile großgeschrieben.	Duty-free-Shop, Walkie-Talkie, Small Talk Alter Ego, Corpus Delicti, Ultima Ratio

6 Die Zeichensetzung

BLICKPUNKT

Satzzeichen		Funktion	Beispiel
Punkt/Ausrufezeichen/Fragezeichen kennzeichnen das **Ende**			
Punkt	.	■ eines Aussagesatzes,	Diese Nacht hat es geschneit.
Ausrufezeichen	!	■ einer Aufforderung, eines Ausrufs oder eines Wunsches,	Komm bitte mit! Igitt! Hoffentlich hast du drangedacht!
Fragezeichen	?	■ eines direkten Fragesatzes.	Hast du das Buch schon gelesen?
Komma/Semikolon/Doppelpunkt dienen der **inneren Gliederung** von Sätzen, indem sie			
Komma	,	■ Teilsätze, Wortgruppen oder Wörter voneinander abtrennen,	Die Sonne schien, es war sehr heiß. Ich kaufe Äpfel, Bananen, Milch.
Semikolon (Strichpunkt)	;	■ gleichrangige Teilsätze oder Wortgruppen stärker als das Komma abgrenzen,	Ich habe dich gesehen; du warst nicht allein.
Doppelpunkt	:	■ vor wörtlicher Rede stehen, ■ vor Zitaten stehen,	Er sagte: »Wir kommen heute.« Goethe schreibt: »Edel sei der Mensch, hilfreich und gut.«
		■ vor angekündigten Aufzählungen oder Erläuterungen stehen,	Zutaten: Eier, Butter, Milch, Zucker. Name: Reine, Vorname: Paul
		■ vor Sätzen, die das vorher Gesagte zusammenfassen oder eine Schlussfolgerung ziehen, stehen.	Edi, Ben, Manu und Isa: Alle habe ich eingeladen.
Gedankenstrich/Klammern gliedern, indem sie:			
Gedankenstrich	–	■ Zusätze, Einschübe oder Nachträge abgrenzen,	Elefanten – was für imponierende Tiere – werden sehr alt.
		■ etwas Weiterführendes, meist Unerwartetes, ankündigen,	Die Tür knarrte, das Licht ging aus und plötzlich – eine Maus huschte über den Boden.
Klammern	( )	■ Zusätze oder Nachträge einschließen.	Frankfurt (Oder) Neulich (war es diese oder letzte Woche?) waren wir im Kino.
Anführungszeichen:			
»...«		■ Sie kennzeichnen Anfang und Ende der **wörtlichen Rede**.	Sie sagte: »Gestern habe ich mich mit Jan getroffen.«
		■ Sie kennzeichnen wörtlich wiedergegebene Textstellen (Zitate).	Schiller sagt: »Früh übt sich, was ein Meister werden will.«
		■ Sie dienen zur Hervorhebung von z.B.: – Überschriften, Werktitel, Namen von Zeitungen,	Ich schreibe eine Arbeit über Susan E. Hintons Roman »Die Outsider«.
		– Sprichwörter, Äußerungen, die dann kommentiert werden,	Ihr ewiges »Ich kann das nicht.« mochte ich nicht mehr hören.
		– Wörter oder Wortgruppen, über die eine Aussage gemacht wird,	Über den Begriff »Freiheit« wird noch zu reden sein.
		– ironisch gemeinte Wörter oder Wortgruppen.	Du hast aber »ordentlich« aufgeräumt!

Satzzeichen		Funktion	Beispiel
Apostroph/Ergänzungsstrich/Auslassungspunkte markieren eine **Auslassung,** indem sie anzeigen,			
Apostroph	'	■ dass ein oder mehrere Buchstaben eines Wortes weggelassen worden sind,	der Ku'damm (Kurfürstendamm) ein winz'ger Augenblick (winziger) Ines' Vorschlag (Genitiv-**s** entfällt)
Ergänzungsstrich	-	■ dass in einer Zusammensetzung oder Ableitung ein Bestandteil ausgelassen ist, der sinngemäß ergänzt werden muss,	Ein- und Ausgang, 2- bis 3-mal
Auslassungspunkte	…	■ dass in einem einzelnen Wort, einem Satz oder einem Text Teile ausgelassen wurden.	Und so kam, was kommen musste … »An den Ufern der Havel lebte … ein Rosshändler, namens Michael Kohlhaas …« (H. v. Kleist, *Michael Kohlhaas*)

6.1 Das Komma

6.1.1 Das Komma bei Aufzählungen

- Bei einer Aufzählung trennt das Komma einzelne Wörter, Wortgruppen oder Satzglieder voneinander.
- Sind die Glieder durch nebenordnende Konjunktionen (↑ S. 33) verbunden, wird kein Komma gesetzt.
- Es wird ein Komma gesetzt, wenn die Glieder durch entgegenstellende Konjunktionen wie **aber, jedoch, doch** oder **sondern** verbunden sind.

Der Koffer enthält Hemden, Pullover, eine Hose, Wäsche, einen Waschbeutel, ein Buch.
Dies ist ein spannender **und** kluger Roman.
Er kommt **entweder** heute **oder** morgen.
Wir fahren nicht nach Bonn, **sondern** nach Köln.
Das Haus war alt, **aber** nicht baufällig.

BESONDERS NÜTZLICH

Das Komma in einer Reihung von Adjektiven

- Gehen mehrere Adjektive einem Substantiv voran, steht ein Komma, wenn die Adjektive **gleichrangig** sind. Sie können oft durch ein gedachtes **und** verbunden oder umgestellt werden.
  ein gepflegter, sonniger Garten   (= ein gepflegter **und** sonniger Garten)
                                    (= ein **sonniger, gepflegter** Garten)

- Wenn das letzte Adjektiv einer Reihe von Adjektiven mit dem folgenden Substantiv einen Gesamtbegriff bildet, der als Ganzes durch die vorangehenden Adjektive näher bestimmt wird, darf vor diesem letzten Adjektiv kein Komma stehen.
  ein schneller **italienischer Sportwagen** (Der italienische Sportwagen ist schnell, aber nicht schnell und italienisch.)

6.1.2 Das Komma in Satzreihen

■ In einer Satzreihe werden die Hauptsätze durch ein Komma voneinander abgetrennt.	Du gehst sofort, wir kommen nach. (Hauptsatz) (Hauptsatz)
■ Man kann ein Komma setzen, wenn die Hauptsätze durch nebenordnende Konjunktionen verbunden sind.	Du gehst sofort[,] und wir kommen nach. **Entweder** nehme ich die roten Paprika[,] **oder** ich entscheide mich für die gelben.
■ Es wird ein Komma gesetzt, wenn die Hauptsätze durch entgegenstellende Konjunktionen wie **aber, doch, jedoch** oder **sondern** verbunden sind.	Er nahm das Buch in die Hand, **aber** er las nicht. Ich hatte fest mit euch gerechnet, **doch** ihr kamt nicht.

BESONDERS NÜTZLICH!

Das Komma bei als und wie

- Wenn Fügungen mit **als** und **wie** ein **Prädikat** enthalten, muss ein **Komma** gesetzt werden.
  Er gab das Geld aus, **als wäre er ein Millionär.** (wäre = Prädikat → Komma)

- Es wird kein Komma gesetzt, wenn kein Prädikat enthalten ist.
  Er gab das Geld aus **wie ein Millionär.** (wie ein Millionär enthält kein Prädikat → kein Komma)

6.1.3 Das Komma in Satzgefügen

■ Nebensätze werden mit Komma vom Hauptsatz getrennt.	Wenn du willst (Nebensatz), kannst du bleiben (Hauptsatz). Du kannst bleiben (Hauptsatz), wenn du willst (Nebensatz).
■ Ist er eingeschoben, so wird am Anfang und am Ende des Nebensatzes ein Komma gesetzt.	Du kannst (Hauptsatz Teil I), wenn du willst (Nebensatz), bleiben (Hauptsatz Teil II).
■ Hängt von einem Nebensatz ein weiterer Nebensatz ab, werden beide durch ein Komma getrennt.	Ich sehe, **dass** du das Buch bereits gelesen hast, **das** ich dir geliehen habe.

6.1.4 Das Komma bei Infinitiv- und Partizipialgruppen

■ Bei Infinitiv- und Partizipialgruppen muss ein Komma gesetzt werden, wenn sie durch ein **hinweisendes Wort** angekündigt oder durch einen **Rückverweis** wieder aufgenommen werden.	Sie brachte drei Tage **damit** zu, alte Liebesbriefe zu lesen. **So,** von Zweifeln getrieben, lief er nach Hause. Das Konzert besuchen zu dürfen, **das** war ihr größter Wunsch.
■ Infinitivgruppen werden durch Komma abgetrennt, – wenn sie mit **um, ohne, [an]statt, außer** oder **als** eingeleitet werden (siehe auch 6.1.7), – wenn sie von einem Substantiv abhängen.	Er ging, **ohne zu grüßen.** Dir bleibt nichts anderes übrig, **als dich zu entschuldigen.** Sie fasst den **Entschluss,** nächstes Mal mehr zu lernen.
■ Es muss auch dann ein Komma gesetzt werden, wenn die Infinitiv- oder Partizipialgruppe zwischen Subjekt und Prädikat eingeschoben ist.	Er, **statt zu helfen,** ging einfach weiter. Hannah, **ein fröhliches Lied singend,** spielte im Garten.

6.1.5 Das Komma bei Zusätzen und Nachträgen

■ Zusätze und Nachträge werden mit Komma vom Hauptsatz abgetrennt oder von Kommas eingeschlossen. Dies gilt für:	
– Parenthesen (Einschaltungen, Einschübe),	Das Obst, **wir hatten es gestern erst gekauft**, war faul. Wir treffen uns Freitag, **13. Juli**, bei mir zu Hause.
– Appositionen (Substantivgruppen als Nachträge),	Jan, **ein gut trainierter Läufer**, gewann.
– nachgestellte Erläuterungen mit **also, besonders, das ist, das heißt, genauer, nämlich, insbesondere, und zwar, vor allem** oder **zum Beispiel**.	Ich esse gerne Eis, **besonders im Sommer**. Du musst noch aufräumen, **und zwar sofort**! Sie hört gerne Musik, **vor allem Jazz**.

6.1.6 Das Komma bei Anrede und Ausruf

Anreden, Ausrufe und Stellungnahmen (Bejahung, Verneinung, Bitte) werden mit einem Komma abgetrennt oder von Kommas eingeschlossen, wenn sie eingeschoben sind.	Ich wünsche dir, **liebe Paula**, alles Gute zum Geburtstag. **Kinder**, seid bitte leiser. **Was**, du kommst nicht? **Hm**, das tut mir leid.

6.1.7 Freie Entscheidung über das Setzen des Kommas: die Kann-Regel

In manchen Fällen kann ein Komma gesetzt werden (muss aber nicht), wenn es das Textverständnis erleichtert.

■ Die Kann-Regel wird vor allem angewendet auf: – das Komma bei Partizipgruppen, – das Komma vor einem mit **und, oder, sowie** eingeleiteten Hauptsatz. ■ Wenn der Satz ohne Komma unübersichtlich ist oder sogar missverständlich sein könnte, sollte ein Komma als Lesehilfe gesetzt werden. Das gilt auch für den bloßen Infinitiv mit **zu**.	Sie baten, einen Spaziergang machen zu dürfen. Die Sonne scheint, und es ist warm. Hast du heute Zeit, oder kommst du erst morgen? Wir setzten uns auf die Klappstühle, und die Bänke blieben leer. (Ohne Komma könnte man zunächst verstehen: Wir setzten uns auf die Klappstühle und die Bänke.) Wir überredeten sie heute nicht mehr so streng zu sein. Die Bedeutung ändert sich, je nachdem, wie das Komma gesetzt wird: Wir überredeten sie, heute nicht mehr so streng zu sein. (= für den Rest des Tages) Wir überredeten sie heute, nicht mehr so streng zu sein. (= in Zukunft)

6.2 Der Punkt

■ Am Ende einer Aussage oder einer Feststellung steht ein Punkt (Schlusspunkt).	Das Telefon klingelt.
■ Am Ende von Überschriften wird kein Punkt gesetzt.	Über den Vesuvausbruch
■ Bei vollständigen Sätzen, die in andere Sätze eingebettet sind, wird der Punkt weggelassen.	Eines Tages – es war im Juli – sahen sie sich wieder.
■ Stehen am Ende eines Satzes Auslassungspunkte, setzt man keinen Schlusspunkt.	Ich könnte ja auch …

Mit oder ohne Abkürzungspunkt

■ Abkürzungen werden meist mit einem Punkt gekennzeichnet.	Bsp. (Beispiel), d. h. (das heißt), Tel. (Telefon), usw. (und so weiter), v. a. (vor allem), z. B. (zum Beispiel)
■ Am Ende eines Satzes ist der Abkürzungspunkt zugleich auch der Satzschlusspunkt. Es wird also nur ein Punkt gesetzt.	In den Obstsalat gehören: Äpfel, Bananen, Birnen, Kiwis usw.
■ Ohne Punkt stehen Abkürzungen von Maßangaben, Himmelsrichtungen und chemischen Zeichen.	g (Gramm), km/h (Kilometer pro Stunde), A (Ampere), NO (Nordost), O (Sauerstoff)
■ Ohne Punkt stehen auch solche Kurzformen, die als Kurzform gesprochen werden.	das Kfz (gesprochen: ka-ef-zet), der IQ (gesprochen: i-ku), die UNO

Punkt bei Ordnungszahlen

■ Nach Ordnungszahlen, die in Ziffern geschrieben sind, steht ein Punkt.	der 18. Geburtstag, zum 3. Mal, Heinrich VIII. (Heinrich der Achte)
■ Am Ende eines Satzes ist der Punkt bei der Ordnungszahl zugleich der Satzschlusspunkt.	In England hängt in vielen öffentlichen Gebäuden ein Bild von Queen Elisabeth II.

BESONDERS NÜTZLICH

Die Zeichensetzung in der direkten Rede

- Wenn eine Äußerung wörtlich wiedergegeben werden soll, so wird diese von Anführungszeichen eingeschlossen.
  Sie sagte: »Heute werde ich endlich den Brief schreiben.«

- Wenn der Begleitsatz vorausgeht, leitet er die wörtliche Rede mit einem Doppelpunkt ein.
  Sie stellte fest: »Ich habe vergessen, Milch einzukaufen.«

- Der nachfolgende Begleitsatz wird durch ein Komma abgetrennt:
  »Warum kommst du nicht?«, fragte sie.

- Wenn der Begleitsatz nachfolgt, erhält ein Aussagesatz in der wörtlichen Rede keinen Satzpunkt. Frage- und Ausrufezeichen der wörtlichen Rede bleiben hingegen erhalten:
  »Ich habe dich lange nicht gesehen«, sagte sie.
  »Kennst du das Kind dort drüben?«, fragte die Mutter.   »Lauf nicht weg!«, ermahnte sie.

- Ein eingeschobener Begleitsatz wird in Kommas eingeschlossen. Alle Teile der wörtlichen Rede haben am Anfang und am Ende Anführungszeichen:
  »Du siehst heute«, sagte die Mutter, »sehr müde aus.«

7 Die Worttrennung

Die Trennung der Wörter erfolgt nach zwei Grundprinzipien: Einfache Wörter werden nach Sprechsilben, zusammengesetzte Wörter oder Wörter mit Vorsilben nach ihren erkennbaren Bestandteilen getrennt.

7.1 Die Trennung einfacher Wörter

- Mehrsilbige einfache Wörter trennt man so, wie man sie beim langsamen Sprechen in **Silben** zerlegt.
- Ein einzelner Vokal am Wortanfang und -ende wird nicht abgetrennt.
- Wenn Buchstabenverbindungen wie **ch, ck** und **sch** für einen Laut stehen, trennt man sie nicht.
- **st** wird getrennt.
- Einsilbige Wörter können nicht getrennt werden.

Au-gen, Bes-se-rung, Fla-sche, Ker-ze, Lam-pe, Re-gal
Abend, Uhu, Deo
Bü-**ch**er, Fä-**ch**er, Bä-**ck**er, Zu-**ck**er, Deut-**sch**e

bas-teln, Hus-ten, Kas-ten, Meis-ter
Bett, Brief, Buch, dick, dünn, eng, schmal

7.2 Die Trennung zusammengesetzter Wörter

- Zusammengesetzte Wörter und Wörter mit **Präfixen** (Vorsilben) werden nach ihren **Bestandteilen** getrennt.
- Die einzelnen Bestandteile der zusammengesetzten Wörter trennt man ihrerseits wie einfache Wörter.
- Wird ein Wort nicht mehr als Zusammensetzung erkannt oder empfunden, kann man auch nach Sprechsilben trennen.

Buch-druck, Nach-welt, Pro-gramm, ent-fernen, ver-laufen

be–**rich-ten**, Bio–**ton-ne**, ent–**fer-nen**, Fla–**schen**–hals,
Kon-zert–di-rek-tor, Vi-deo–clip
ei-nander, hi-nein, wa-rum

7.3 Die Trennung von Fremdwörtern

- Fremdwörter (↑ S. 62) können entweder nach der **deutschen** oder nach der **Herkunftssprache** getrennt werden.
- Die Konsonantenverbindungen **ph, rh, sh** und **th** werden in Fremdwörtern nicht getrennt.
- Fremdwörter, die aus zwei (Fremd-)Wörtern oder einer Vorsilbe und einem Fremdwort bestehen, trennt man nach Bestandteilen voneinander.
- Fremdwörter, die nicht mehr als Zusammensetzung erkannt oder empfunden werden, kann man auch nach Sprechsilben trennen.

Pä-da-go-ge (deutsch) oder:
Päd-ago-ge (griechisch)

Al-**ph**a-bet, Stro-**ph**e, Diar-**rh**ö, **Rh**eu-ma, Or-**th**o-pä-de, Pa-**th**o-lo-ge
in-akzeptabel, kapital-intensiv, Teen-ager

Inte-resse, Res-pekt

SCHREIBEN

1	**Die Nacherzählung**	70
2	**Die Beschreibung**	71
2.1	Die Personenbeschreibung	71
2.2	Die Gegenstandsbeschreibung	72
2.3	Die Bildbeschreibung	73
2.4	Die Vorgangsbeschreibung	74
3	**Der Bericht**	75
4	**Die Schilderung**	76
5	**Die Inhaltsangabe**	77
■	**BESONDERS NÜTZLICH** Die Textbearbeitung für eine Inhaltsangabe	79
6	**Die Charakterisierung**	79
7	**Die Erörterung**	81
7.1	Die freie Erörterung	81
7.1.1	Die Sacherörterung/Die reihende (lineare) Erörterung	81
7.1.2	Die dialektische Erörterung	82
■	**BESONDERS NÜTZLICH** Zwei Schemata einer dialektischen Erörterung	84
7.2	Die textgebundene Erörterung	84

1 Die Nacherzählung

In der Nacherzählung wird eine vorgegebene Geschichte möglichst getreu wiedergegeben. Sie soll lebendig, anschaulich und abwechslungsreich erzählt werden.

BLICKPUNKT

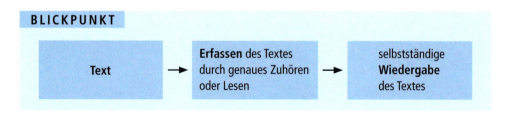

Aus: Fjodor A. Dostojewski, *Die Wette*

Kolja war bei Verwandten zu Besuch. Um sich vor den Kindern aus der Nachbarschaft dicke zu tun, wettete er mit ihnen, dass er es wage, sich zwischen die Schienen der Eisenbahn zu legen und so lange liegen zu bleiben, bis der Elf-Uhr-Schnellzug über ihn hinweggefahren sei. Der Abend kam, man versammelte sich, man machte sich auf den Weg. Kolja legte sich auf die Schienen. Die anderen fünf warteten unten am Bahndamm im Gebüsch. Es war ihnen beklommen zumute. Sie bereuten die Wette längst. Der Schnellzug musste die Station verlassen haben. In der Dunkelheit tauchten Lichter wie zwei feurige Augen auf. »Kolja, lauf fort!«, schrien fünf Kinder mit angsterstickten Stimmen. Es war zu spät. Der Zug donnerte vorüber. Die Jungen liefen zu Kolja; dieser lag regungslos zwischen den Schienen. Man rüttelte ihn, er stand von selbst auf und ging schweigend weg.

Merkmale

Inhalt
- Der Inhalt wird mit folgenden Fragen erschlossen:
  - **Wer** handelt? — Kolja, fünf Kinder
  - **Wo** und **wann** spielt die Geschichte? — am Abend, am Bahndamm und auf den Gleisen
  - **Welche** Stimmung herrscht in der Geschichte? — Spannung, Sorge, Entsetzen und Angst
  - **Worum** geht es? — Mutprobe als Wette, Reue

Form
- In welcher Zeitform ist die Geschichte geschrieben? — Präteritum
- Welche Erzählperspektive (↑ S. 89) wurde gewählt? — Er-Perspektive
- Zu welcher Textart gehört die Geschichte? — kurze Erzählung
- Was ist auffällig an der sprachlichen Gestaltung? — erster Abschnitt: Darstellung von Gedanken
  mittlerer Abschnitt: Erzählbericht (↑ S. 89)
  letzter Abschnitt: Gebrauch von wörtlicher Rede am Spannungshöhepunkt, bildhafte Sprache

Erzählkern
- Der Erzählkern umfasst die wichtigsten Elemente der Geschichte.
- Wichtiges wird von Unwichtigem unterschieden.

wichtig: Wie reagiert Kolja, nachdem er seine eigene Wette gewonnen hat?
unwichtig: Wie schnell fährt der Zug?

Merkmale (Fortsetzung)

Wiedergabe
- Der Text wird mit eigenen Worten wiedergegeben.
- Die Nacherzählung richtet sich in der Zeitform nach der Vorlage, das ist häufig das Präteritum (↑ S. 16).
- Die Sprache soll lebendig, abwechslungsreich, anschaulich und spannend sein. Dies wird durch die Verwendung von beschreibenden Adjektiven und treffenden Verben unterstützt.
- Der Sprachstil ist der Vorlage anzupassen.

(...) Als es dunkel wurde, machten sich die Kinder und Kolja vorsichtig auf den Weg zum Bahndamm und Kolja legte sich tatsächlich auf die Schienen. Die Kinder versteckten sich und blickten angsterfüllt zu den Gleisen. Da, mit lautem Rattern und Getöse tauchte der Schnellzug plötzlich in der Dunkelheit auf und raste auf Kolja zu. (...)

2 Die Beschreibung

BLICKPUNKT

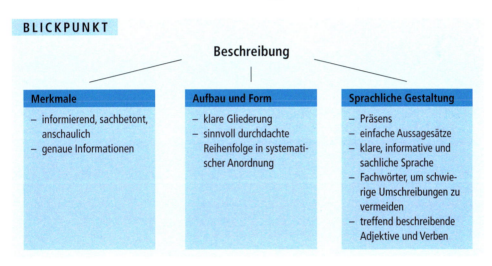

2.1 Die Personenbeschreibung

Merkmale

Inhalt
Eine Personenbeschreibung dient dem Erkennen oder Wiedererkennen eines Menschen. Deshalb hebt man das **Typische** und **Auffällige** sachlich und anschaulich hervor:
- Die ersten Angaben beziehen sich auf:
    - Geschlecht,   weiblich,
    - Alter,   ca. 28 Jahre
    - Größe,   etwa 1,70 m groß
    - allgemeine Erscheinung.   sportlich

Merkmale (Fortsetzung)

Aufbau und Form
- Die Darstellung der besonderen Merkmale erfolgt in der Regel von **oben nach unten,** wobei die einzelnen Bereiche zusammenhängend beschrieben werden:
  - Beschreibung des Kopfes

  Kopfform: länglich, rund
  Gesichtsform: länglich, rund, oval, kantig
  Stirn: flach, gewölbt, hoch, niedrig
  Augen: eng zusammenliegend, strahlend
  Wangen: pausbäckig, eingefallen, blass, gerötet
  Nase: lang, kurz, Stupsnase, breit, schmal
  Mund: breit, schmal, wulstig, verkniffen
  Kinn: rund, spitz, eckig, vorgeschoben

  - Haarfarbe und Frisur

  braunes, blondes Haar, schulterlang, kurz, halblang, gelockt, glatt, gescheitelt, mit Pony

  - Beschreibung von Körperbau (Schultern, Oberkörper, Arme, Hände, Beine, Füße) und Haltung
  - Beschreibung der Kleidung

  schmal, lang, schlank, dünn, korpulent, gedrungen, aufrecht, gekrümmt
  Gesamteindruck: lässig, elegant, sportlich
  einzelne Kleidungsstücke: T-Shirt, Jeans, Turnschuhe, Farbe, gemustert, Material

Sprachliche Gestaltung
- Die Personenbeschreibung wird mit klaren und eindeutigen Aussagesätzen formuliert.
- **Treffende Adjektive** und **Verben** entwerfen ein genaues Bild.

  lange Haare fallen auf die Schulter/sind zum Zopf gebunden/stehen ab/werden offen getragen/sind von Spangen gehalten

2.2 Die Gegenstandsbeschreibung

Merkmale

Inhalt
- Die Gegenstandsbeschreibung stellt **Merkmale** und **Eigenschaften** eines Gegenstandes sachlich dar.
- Zunächst wird der Gegenstand als Ganzes betrachtet.
- Dann folgen Einzelheiten, die so beschrieben werden, dass der Gegenstand schrittweise erfasst wird.

Aufbau und Form
- Die Einzelheiten werden in einer sinnvollen Reihenfolge angeordnet, etwa von außen nach innen, von oben nach unten, vom Großen zum Kleinen.
- Die Einzelheiten können, je nach Gegenstand, auch in ihrem Funktionszusammenhang oder ihrer Anwendung beschrieben werden.

Das Federmäppchen
Das Federmäppchen ist aus rotem Leder, etwa 20 cm lang und 10 cm breit. Auf der Vorderseite befindet sich eine gelbe Sonne. Um die beiden kurzen und eine lange Seite führt ein blauer Reißverschluss. Das Innere des Mäppchens ist mit blauem Stoff gefüttert. Dort befindet sich das Schreibwerkzeug. Auf der einen Seite liegen zwölf Filzstifte. Sie stecken ebenso in Gummischlaufen wie die drei Bleistifte, der Füller und die fünf Buntstifte auf der anderen Seite. Hier sind auch kleinere Schlaufen für den Spitzer und die zwei Ersatzpatronen angebracht. In der Mitte des Mäppchens ist ein kleines, 3 mal 3 cm großes Täschchen mit Druckknopf aufgenäht.

Merkmale (Fortsetzung)

Sprachliche Gestaltung

■ Die Beschreibung der Einzelheiten wird durch die Verwendung von Adjektiven besonders genau.	aus **rotem** Leder
■ Die Angabe von Maßen erfolgt bezogen auf den gesamten Gegenstand und auf wichtige Teile.	gesamtes Mäppchen: etwa 20 cm lang und 10 cm breit wichtige Einzelheit: 3 cm × 3 cm großes Täschchen
■ Zur Beschreibung der Einzelheiten gehört auch die Angabe des Materials der einzelnen Teile.	aus rotem **Leder**
■ Bei der Beschreibung einzelner Teile und ihrer Funktionen sollten Fachbegriffe verwendet werden, um komplizierte Umschreibungen zu vermeiden.	Ersatzpatronen

2.3 Die Bildbeschreibung

Merkmale

Inhalt

■ Die Bildbeschreibung gibt wieder, was auf einem Bild, einem Gemälde oder Foto zu sehen ist.	
■ Zunächst werden folgende Angaben gemacht, soweit sie bekannt sind: – Titel des Bildes, – Name des Künstlers, – Entstehungszeit, – Maltechnik, – Hauptmotiv oder Genre (Porträt, Stillleben, Landschaftsbild, abstrakte Komposition), – Gesamteindruck.	Das Bild *Nighthawks* von Edward Hopper wurde 1942 in Öl auf Leinwand gemalt. Dargestellt ist eine nächtliche Stadtszene. Stimmung: düster, heiter, bedrohlich, friedlich

Aufbau und Form

■ Ausgehend vom Gesamteindruck und vom Hauptmotiv erfolgt die Beschreibung der Einzelheiten in geordneter Reihenfolge: – vom Hintergrund zum Vordergrund, – von rechts nach links, – von oben nach unten.	Auf der rechten Seite ist eine hell erleuchtete Bar dargestellt, die schräg in das Bild hereinragt und den weitaus größten Raum einnimmt. Eine gebogene Scheibe umgrenzt die Bar, sodass der Blick des Betrachters von der Straße aus nach innen gerichtet ist. Die Straße liegt in völliger Dunkelheit und wird von Schatten beherrscht. In der Bar sitzen drei Personen. (…)
■ In einem Schlusssatz wird der Gesamteindruck zusammengefasst.	Das Bild stellt die Einsamkeit der Großstadt dar.

Sprachliche Gestaltung

■ Die künstlerischen Gestaltungsmittel müssen genau beschrieben werden.	Einteilung und Bildkomposition, Achsen, Größenverhältnisse, Kontraste, Maltechnik
■ Die Beschreibung der Farben sollte möglichst genau sein, indem auch Farbabstufungen benannt werden.	sattes Grün, helles Rot, zartes Rosa, mattes Braun, grelles Gelb

2.4 Die Vorgangsbeschreibung

Merkmale

Inhalt
- Die Vorgangsbeschreibung bezieht sich auf Vorgänge, die stets **wiederholt** und **in gleicher Weise** ablaufen.
- Sie informiert über die wesentlichen Merkmale des Vorgangs und seiner einzelnen Teilvorgänge.
- Die **Voraussetzungen** für den Ablauf des Vorgangs werden angegeben:
  - alle verwendeten Gegenstände und Materialien,
  - alle Vorbereitungen, die getroffen werden müssen.

Aufbau und Form
- Die **einzelnen Teilvorgänge** werden in der richtigen Reihenfolge dargestellt, sodass das zeitliche Nacheinander genau nachvollzogen werden kann.

Sprachliche Gestaltung
- Bei der knappen und sachlichen Darstellung werden Fachbegriffe verwendet, die gegebenenfalls erklärt werden müssen.

Bastelanleitungen, Kochrezepte, Spielanleitungen, Bedienungsanleitungen, Gebrauchsanweisungen

Pizza
Zutaten:
Teig: 500 g Mehl, 1 Päckchen Trockenhefe, Wasser, Öl
Belag: Tomaten, 2 gelbe Paprikas, 8 Scheiben Salami, geriebener Käse, Salz, Pfeffer, Oregano
Außerdem: Rührschüssel, Handrührgerät, Tuch zum Abdecken, Backblech, Teigrolle
Das Mehl und die Hefe werden in eine große Schüssel gegeben und vermischt. Nach der Zugabe von Wasser und Öl wird ein geschmeidiger Teig geknetet, der abgedeckt an einem warmen Ort ca. 1 Stunde gehen soll. In der Zwischenzeit werden für den Belag die gewaschenen Tomaten in Scheiben geschnitten. Nun werden die Paprikas gewaschen und geputzt und in kleine Stücke geschnitten. Nachdem der Teig gegangen ist, wird er auf einem Backblech mit der Teigrolle ausgerollt. Dann werden nacheinander die Tomaten, die Paprikastücke und die Salamischeiben darauf verteilt. Nach dem Würzen mit Salz, Pfeffer und Oregano wird schließlich der geriebene Käse über die Pizza gestreut. Im vorgeheizten Backofen wird die Pizza ca. 40 min bei 200° gebacken.

3 Der Bericht

Merkmale

Inhalt

- Der Bericht informiert sachlich über den Ablauf eines tatsächlichen Geschehens, indem er den zeitlichen Ablauf detailliert darstellt. Dabei werden alle wichtigen Begleitumstände angegeben.
- Die Antworten auf die W-Fragen liefern die grundlegenden Informationen über den Vorfall. Deshalb sollten sie vor dem Verfassen des eigentlichen Berichtes geklärt werden:

Formen des Berichts:
Unfallbericht, Polizeibericht, Krankenbericht, Korrespondentenbericht, Zeitungsbericht, Arbeitsbericht (in der Lehrzeit)

Wer war an dem Vorfall beteiligt?	Leah Silk, Luisa Metz, Schülerinnen der 7 d
Wann ereignete er sich?	15. März 2008, 9.45 Uhr (1. große Pause)
Wo ereignete er sich?	Neubau, 2. Etage Flur
Was ist geschehen?	Die Schülerin Leah Silk verletzte sich am Kopf.
Wie ist es genau geschehen?	Die Schülerin Leah Silk lief vor eine Klassentür, die von der Schülerin Luise Metz geöffnet wurde.
Warum/Wie kam es dazu?	Spielen auf dem Schulflur
Welche Folgen hat der Vorfall?	Platzwunde an der Stirn

- Es sollen nur Tatsachen wiedergegeben werden. Eigene Vermutungen dürfen nicht einfließen.

Aufbau und Form

- Die inhaltliche Gliederung muss dem zeitlichen Ablauf des Geschehens entsprechen.
- Die **Einleitung** gibt einen kurzen Gesamtüberblick über das Ereignis und antwortet kurz auf die Fragen **wer?**, **wann?**, **wo?** und **was?**
- Im **Hauptteil** wird der eigentliche Verlauf dargestellt, indem chronologische und detaillierte Ausführungen zur Frage **wie?** gemacht werden.

Unfallbericht

(Einleitung) Die Schülerin Leah Silk verletzte sich am 15. März 2008 um 9.45 Uhr an der Klassentür in der 2. Etage des Neubaus am Kopf.

(Hauptteil) Sie hatte zusammen mit ihren Klassenkameraden auf dem Schulflur Fangen gespielt und war dabei in Richtung Klassentür gelaufen. Kurz bevor sie die Tür erreichte, wurde diese von innen von der Schülerin Luisa Metz geöffnet. Leah Silk prallte mit der Stirn gegen die Tür.

- Im **Schlussteil** können Hintergründe oder Folgen, die sich aus dem Vorfall ergeben, dargestellt werden, indem eine kurze Auskunft auf die Fragen **warum?** und **welche Folgen?** gegeben wird.

(Schlussteil) Sie erlitt eine Platzwunde, die mit drei Stichen genäht werden musste. Mittlerweile nimmt sie wieder am Unterricht teil.

Sprachliche Gestaltung

- Die Ereignisse werden präzise in klarer, sachlicher, knapper Sprache wiedergegeben.
- Eigene Gefühle oder Wertungen sind unzulässig.
- Der Bericht wird grundsätzlich im Präteritum verfasst, Vorzeitigkeit wird durch das Plusquamperfekt ausgedrückt (↑ S. 16).
- Zur Angabe des gegenwärtigen Standes oder der Folgen verwendet man Präsens oder Futur (↑ S. 15).

Die Schülerin Leah Silk **verletzte** sich am 15. März 2008 um 9.45 Uhr an der Klassentür. (…)

Kurz bevor sie die Tür **erreichte**, (…)
Sie **hatte** zusammen mit ihren Klassenkameraden auf dem Schulflur Fangen **gespielt**. (…)
Mittlerweile **nimmt** sie wieder am Unterricht **teil**.

4 Die Schilderung

Merkmale

Inhalt
- In einer Schilderung wird – im Unterschied zum Bericht – ein Ereignis oder Erlebnis **anschaulich aus persönlicher Sicht** dargestellt.
- Dabei geht es um die Schilderung der **Atmosphäre** und der **Wirkung** eines Geschehens und nicht um möglichst genaue Informationen über ein Geschehen. Die Beschreibung des Geschehens wird dazu mit persönlichen Gedanken und Empfindungen verbunden.

Form
Die Gliederung folgt der **chronologischen Abfolge** des Geschehens. Dabei werden besonders bewegende Momente anschaulich und detailliert dargestellt und die Wirkung genau beschrieben.
Abschließend wird ein Gesamteindruck formuliert.

Sprachliche Gestaltung
- Die Sprache ist vielfältig und persönlich gefärbt. Es werden farbige, ausdrucksstarke Adjektive verwendet, die durchaus wertend sein können. Verben der Bewegung dienen ebenso zum Ausmalen wie Sprachbilder und Vergleiche.
- In der Schilderung werden Zeitformen (↑ S. 15) der Vergangenheit und der Gegenwart verwendet, wobei das Präsens direkter und unmittelbarer wirkt.

Sonnenuntergang am Meer
Wenn ein heißer Tag am Meer langsam zu Ende geht, ziehen sich die meisten Touristen in ihre Hotels zurück, um sich auf den Abend vorzubereiten. Dann ist der Strand am schönsten. Es wird ruhiger, nur vereinzelt ist noch das Schreien von spielenden Kindern zu hören. Aber nach einer Weile ist auch dies verstummt. Dann kreisen nur noch die Möwen mit ihrem »Kraa, Kraa« über dem Wasser und die Wellen schlagen leise plätschernd auf den feinen, warmen Sand. Wenn der Strand so friedlich daliegt, färbt sich wie zum Höhepunkt der Himmel rot und die Sonne sinkt wie ein großer Feuerball ins Wasser. Alles steht da wie in goldenem Licht verzaubert, die Hitze und der Staub des Tages sind vergessen.

auf den **feinen, warmen** Sand

Wellen **schlagen**
Sonne sinkt **wie** ein großer Feuerball
Wenn ein heißer Tag am Meer langsam zu Ende geht. (...)

5 Die Inhaltsangabe

Im Unterschied zur Nacherzählung, die anschaulich und spannend geschrieben werden soll, informiert die Inhaltsangabe den Leser sachlich nur über das Wichtigste eines Textes. Die Inhaltsangabe unterscheidet sich deshalb in der Form und in der sprachlichen Gestaltung stark vom Ausgangstext.

BLICKPUNKT

Friedrich Schiller, *Die Bürgschaft*

Zu Dionys, dem Tyrannen, schlich
Damon, den Dolch im Gewande;
Ihn schlugen die Häscher in Bande.
»Was wolltest du mit dem Dolche, sprich!«,
Entgegnet ihm finster der Wüterich.
»Die Stadt vom Tyrannen befrein!«
»Das sollst du am Kreuze bereuen.«

»Ich bin«, spricht jener, »zu sterben bereit
Und bitte nicht um mein Leben,
Doch willst du Gnade mir geben,
Ich flehe dich um drei Tage Zeit,
Bis ich die Schwester mit dem Gatten gefreit,
Ich lasse den Freund dir als Bürgen,
Ihn magst du, entrinn ich, erwürgen.«

Da lächelt der König mit arger List
Und spricht nach kurzem Bedenken:
»Drei Tage will ich dir schenken.«
(…)

Leitfragen

- **Ort** Wo findet das Ereignis oder das Geschehen statt?
- **Zeit** Wann spielt das Geschehen?
- **Thema** Worum geht es im Text?
- **Figuren** Welche Personen kommen vor? Welche Beziehung haben sie zueinander?
- **Handlung** Welcher Handlungsverlauf ist erkennbar?
- **Perspektive** Wer erzählt?
- **Aufbau** Wie lässt sich der Text gliedern? Wie ist der Gedankengang oder die Argumentation aufgebaut?

→ Inhaltsangabe

Merkmale

Inhalt
Die Inhaltsangabe fasst in knapper Berichtsform und ohne persönliche Wertung die wichtigsten Stationen einer Handlung und die Hauptaspekte eines Textes zusammen.

erzählende Texte, Gedichte, Theaterstücke, Reden oder Sachtexte

Tempus
- Die Inhaltsangabe wird grundsätzlich im Tempus **Präsens** (↑ S. 15) verfasst.

- Wird in der Inhaltsangabe etwas Vorzeitiges ausgedrückt, greift man z. B. auf Ereignisse zurück, die vor der eigentlichen Handlung liegen, so wird das Tempus **Perfekt** benutzt.

Die Kurzgeschichte *Känsterle* von Rainer Brambach (Diogenes Verlag 1972) **beschreibt** das gestörte Verhältnis zwischen zwei älteren Eheleuten.
Känsterle **verkleidet sich**, (Präsens) weil seine Frau ihn **überredet hat**. (Perfekt)

5 Die Inhaltsangabe

Merkmale (Fortsetzung)

Sprachliche Gestaltung
- In der Inhaltsangabe wird der Inhalt eines Textes **mit eigenen Worten** wiedergegeben.
- Die Sätze werden nicht einfach aneinandergereiht, sondern sie zeigen den **Zusammenhang der Handlung** oder die **Gründe** für das Handeln einer Person auf. Hierzu werden Adverbien (seitdem, dadurch, so, deswegen, ↑ S. 26) und Konjunktionen (weil, obwohl, während, ↑ S. 33) benötigt.
- Die Sprache ist sachlich, knapp und informierend. Auf Ausschmückungen wird verzichtet. Daher werden wenig beschreibende Adjektive verwendet.
- Es darf keine Spannung oder Dramaturgie erzeugt werden. Wörter wie **plötzlich** dürfen nicht verwendet werden.
- Es wird keine wörtliche Rede verwendet. Passagen, die in die Inhaltsangabe aufgenommen werden, stehen in der indirekten Rede (↑ S. 22).

Weil Rosa ihn überredet hat, in zwei Tagen den Nikolaus für die Kinder Konrad und Peter zu spielen, verkleidet er sich auf dem Dachboden.

Känsterle, ~~der einfache Schlosser~~, sitzt nach dem Feierabend ~~entspannt~~ vor dem Fernseher. (…) Känsterle verfängt sich in seinem Kostüm und stürzt ~~plötzlich~~ die Bodentreppe hinab.

(…), kreischt Rosa – Durch Rosas Kreischen, er **schlachte** die Buben, …

Aufbau

Einleitung
- Im Einleitungssatz der Inhaltsangabe werden in knapper Form die wesentlichen Informationen zum Text zusammengefasst.
- Der Einleitungssatz wird durch einen Absatz vom Hauptteil getrennt. Er nennt:
  – Titel des Textes,
  – Textart,
  – Autor,
  – evtl. Erscheinungsjahr,
  – Thema,
  – Aussageabsicht.

Hauptteil
- Der Handlungsaufbau wird in logischer Reihenfolge dargestellt, d. h., er ist nicht an einer verwickelten Handlungsführung des Textes orientiert.
- Hinweise auf wichtige Einzelheiten sind enthalten.

Schluss
- Ein Schlusssatz ist nicht unbedingt nötig.
- Er kann die Wirkung des Textes auf den Leser beschreiben oder eine persönliche Einschätzung oder Beurteilung des Textes enthalten.

Bemerkung: Durch die strophische Gliederung eines Gedichts sind bereits einzelne Sinnabschnitte vorgegeben. Allerdings können mehrere Strophen zu einem Sinnabschnitt gehören!

In der Ballade *Die Bürgschaft* von Friedrich Schiller soll gezeigt werden, dass Damon mit seiner wahren Freundschaft Größeres erreicht als der Tyrann durch seine Selbstbezogenheit.

Damon wird während seines Anschlagsversuchs auf den Tyrannen Dionys festgenommen und zum Tode verurteilt. Weil er jedoch noch seine Schwester verheiraten möchte, lässt er seinen Freund als Bürgen beim Tyrannen unter der geforderten Bedingung zurück, dass dieser sterben muss, wenn Damon nicht rechtzeitig zurückkommt. Damon erhält eine Frist von drei Tagen …

BESONDERS NÜTZLICH

Die Textbearbeitung für eine Inhaltsangabe

Um den inhaltlichen Kern eines Textes herauszuarbeiten und die wichtigsten Informationen herauszufiltern, sind drei Methoden hilfreich: die Textkürzung, Textmarkierung und Textzusammenfassung.

Textkürzung
- Streiche alle Ausschmückungen im Text.
- Streiche alle Textpassagen in literarischen Texten, die nicht für den Fortgang der Handlung von entscheidender Bedeutung sind oder ausführliche Beschreibungen enthalten.
- Streiche in Sachtexten alle Passagen, die nicht zur Fortsetzung des Kerngedankens gehören.

Textmarkierung
- Unterstreiche in literarischen Texten alle Informationen, die zum Verständnis wichtig sind: Personen, Stationen der Handlung, entscheidende Ereignisse oder Schauplätze.
- Unterstreiche in Sachtexten alle Aussagen, die Teil des zentralen Gedankengangs sind.

Textzusammenfassung
- Gliedere den Text in Sinnabschnitte.
- Fasse den Inhalt der einzelnen Abschnitte zusammen, indem du jedem Abschnitt eine Überschrift gibst oder den Inhalt in einem vollständigen Satz wiedergibst.

6 Die Charakterisierung

Der **Charakter** einer Figur ist im Allgemeinen vielgestaltig und setzt sich aus verschiedenen Wesenszügen zusammen. Ist der Charakter einer Figur hingegen auf eine Eigenschaft begrenzt (z. B. der Geizige, der Böse, der Lügner), so spricht man von einem **Typus**.

BLICKPUNKT

Charakterisierung

Einleitung
Titel, Autor, Textart, Bedeutung der Figur im Text (Haupt- oder Nebenfigur), auffälligste Charaktereigenschaften

Hauptteil

äußere Merkmale	innere Merkmale
Lebensdaten: Alter, Beruf, Gesamteindruck: Erscheinung, Körpergröße, Körperform, einzelne Körperteile: Haare, Gesicht, Hände, besondere Kennzeichen: Bekleidung, Schmuck.	Charaktereigenschaften, Handlungen oder Verhaltensweisen und ihre Motive, Verhalten gegenüber anderen Figuren, Entwicklung der Figur im Verlauf des Textes.

Schluss
Bewertung bzw. persönliche Stellungnahme zur Figur

Arbeitsschritte

Vorarbeiten am Text
Lies den Text sorgfältig durch und arbeite alle wichtigen Informationen heraus:
- Unterscheide als Erstes zwischen **äußeren** und **inneren** Merkmalen der Figur.
Wenn ein literarischer Text nur wenige Hinweise zum äußeren Erscheinungsbild enthält, kann dies in der Charakterisierung vermerkt werden.
- In Klammern wird angegeben,
  – wer die Einschätzung vornimmt (Erzähler, Aussage einer Figur, Selbstaussage),
  – an welcher Stelle des Textes die Information zu finden ist. Dies wird durch die Angabe der Seitenzahl belegt.

Beispiel:
Hanno Buddenbrook in Thomas Manns Roman *Die Buddenbrooks* (Verlag S. Fischer, 1982).
äußere Merkmale:
- »Mit seinem braunen Haar, das er jetzt seitwärts gescheitelt und schräg von seiner weißen Stirn zurückgebürstet trug« (Erzähler, S. 620)
- »goldbraune Augen« (Erzähler, S. 620)
- »bläuliche Schatten in den Winkeln seiner Augen« (Erzähler, S. 620)
- »seiner körperlichen Zartheit« (Erzähler, S. 620)

innere Merkmale:
- »Hanno mit seiner oft schwerfälligen Auffassung, seiner träumerischen Unaufmerksamkeit« (Erzähler, S. 620)
- »zugegeben, dass die Liebe des Jungen zum freien Spiel ohne Noten von einer nicht ganz gewöhnlichen Veranlagung sprach« (Vater, S. 619)
- Hannos Vater hatte »die Musik als seine Feindin empfunden« (Vater, S. 619)

Inhalt, Form und Sprache
- Aus den gesammelten Informationen muss ein Gesamtbild der Persönlichkeit entstehen.
- Die Charakterisierung soll sich grundsätzlich im Aufbau an äußeren und inneren Merkmalen orientieren.
- Der Text wird schließlich so formuliert, dass äußere und innere Merkmale aufeinander bezogen werden.
- Eine Charakterisierung wird wie eine Inhaltsangabe im Präsens (↑S. 15) verfasst.

Hanno Buddenbrook wirkt durch sein äußeres Erscheinen gebrechlich und seine Lebenskraft scheint schwach zu sein. Durch die bläulichen Schatten, die seine braunen Augen umgeben, wird in seinem äußeren Erscheinen angedeutet, dass er Charaktereigenschaften von beiden Eltern übernommen hat. Andererseits weist die ablehnende Haltung von Hannos Vater zur Musik auf ein schwieriges Verhältnis zwischen Vater und Sohn.

7 Die Erörterung

Nimmt man zu einer offenen, unentschiedenen Frage Stellung oder setzt man sich mit der Problemstellung eines Textes in schriftlicher Form gedanklich auseinander, spricht man von **Erörtern**. Bei der Erörterung werden Gründe und Gegengründe abgewogen, um so einen begründeten, eigenen Standpunkt zu entwickeln, der für den Leser nachvollziehbar ist.

BLICKPUNKT

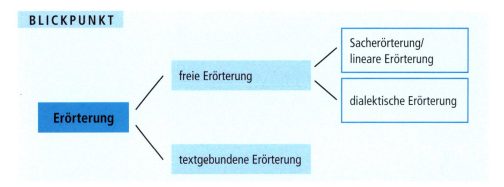

7.1 Die freie Erörterung

In der freien Erörterung wird ein Thema oder eine Problemstellung unabhängig von einer Textvorlage behandelt. Ziel der freien Erörterung ist die Begründung der eigenen Meinung durch sinnvoll angeordnete und überzeugende Argumente.

7.1.1 Die Sacherörterung / Die reihende (lineare) Erörterung

Bei der Sacherörterung wird eine Sachfrage erläutert. Sie wird nur von einer Seite aus betrachtet und nicht in Form einer Gegenüberstellung von Pro- und Kontra-Argumenten erörtert. Daher spricht man auch von einer reihenden oder linearen Erörterung. Die Sacherörterung wird häufig durch eine W-Frage eingeleitet.

BLICKPUNKT

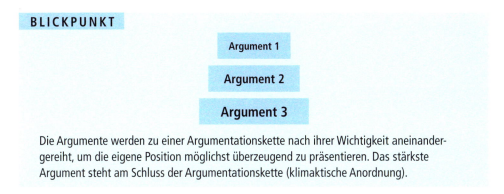

Die Argumente werden zu einer Argumentationskette nach ihrer Wichtigkeit aneinandergereiht, um die eigene Position möglichst überzeugend zu präsentieren. Das stärkste Argument steht am Schluss der Argumentationskette (klimaktische Anordnung).

Aufbau

Einleitung
- Hinführung zum Thema:
  – Aktualität des Themas,
  – Klärung des genauen Verständnisses der Fragestellung und Überlegungen zur Bedeutung der Frage.

Hauptteil
- Formulierung der eigenen These zur Fragestellung,
- Argumentation aus einer Blickrichtung auf das Problem bzw. die These,
  – klimaktische Anordnung der Argumente,
  – Stützung der Argumente durch Beispiele, Belege und Zitate.

Schluss
- Zusammenfassung der Ausführungen und abschließende Stellungnahme,
- Ausblick.

7.1.2 Die dialektische Erörterung

Gegenstand der dialektischen Erörterung ist die Darstellung gegensätzlicher Standpunkte sowie eine persönliche Entscheidung für die Pro- oder die Kontra-Argumentation oder für einen Kompromiss.

Aufbau

Einleitung	
■ In der Einleitung zu einer dialektischen Erörterung werden die konkurrierenden gegensätzlichen Positionen zur behandelten Frage oder zum kontroversen Sachverhalt aufgezeigt. ■ In der Regel geschieht dies, indem man am Ende der Einleitung These und Gegenthese klar benennt. ■ Die Bedeutung des Themas kann durch das Zitat eines Experten deutlich werden. ■ Hilfreich können folgende Aspekte zur Steigerung des Leserinteresses sein: – Hinweis auf konkrete Einzelfälle, – Bezug des Themas zu eigenen Erfahrungen, – Hinweise auf einen aktuellen Anlass, zur Geschichte oder zur Entwicklung des Problems.	Die Frage, ob Noten in der Schule grundsätzlich nötig sind, wird immer wieder diskutiert, sodass deutlich wird, wie schwer diese Frage zu beantworten ist. Ein Grund für diese Schwierigkeit liegt sicherlich in den »Irrtümern und Missbräuchen«, auf die W. Sacher hinweist. (...) Während also die Befürworter der Notengebung besonders auf den Leistungsaspekt hinweisen, stehen bei den Gegnern Überlegungen zum Umgang mit den Schülern und Schülerinnen im Vordergrund. (...)

7.1 Die freie Erörterung

Aufbau (Fortsetzung)

Hauptteil
- Die Gliederung orientiert sich an den Pro- und Kontra-Argumenten, sodass entweder eine Block- oder eine Wechselstruktur zwischen den Argumenten entsteht.
- Die Argumente werden so angeordnet, dass der eigene Standpunkt möglichst gut unterstützt wird.
- Die Vorarbeiten wie Sammeln und Ordnen der Argumente müssen abgeschlossen sein, bevor die Erörterung tatsächlich geschrieben wird. Nur so wird eine wirkungsvolle Argumentation aufgebaut.
- Eine gute Argumentation hängt von der Qualität der verwendeten Argumente ab, nicht von deren Anzahl. Schwache und anfechtbare Begründungen sollten deswegen vermieden werden.

Der Zweifel an der Vergleichbarkeit von Schülerleistungen durch Noten ist ein zentrales Argument zur Ablehnung dieses Verfahrens. Hingewiesen wird hierbei insbesondere auf das Problem uneinheitlicher Bewertungsmaßstäbe von Lehrer zu Lehrer und von Schule zu Schule. (...)
Die Befürworter der Notengebung betonen hingegen, dass Noten der Leistungsüberprüfung dienen und einen Leistungsvergleich ermöglichen. Hierdurch dienen sie insbesondere der Selbsteinschätzung jedes Lernenden. (...)

Schluss
- Anknüpfung an den Hauptteil:
  - Im Schlussteil der Pro- und Kontra-Erörterung wägt man die im Hauptteil vorgebrachten Argumente gegeneinander ab und formuliert den eigenen Standpunkt.
  - Das Abwägen der Argumente darf nicht den Eindruck vermitteln, dass damit der Hauptteil noch einmal wiederholt wird.
  - Die im Hauptteil erwähnten Gedanken können in einen größeren zeitlichen oder thematischen Zusammenhang gestellt werden (Prognose, Ausblick).
- Schlussbemerkung:
  - Um die Erörterung insgesamt abzurunden, kann an die Inhalte der Einleitung angeknüpft werden.
  - Hinweise auf ähnliche Probleme oder kontroverse Fragestellungen in anderen Zusammenhängen können gegeben werden.

Die Gegenüberstellung der Standpunkte für und wider Schulnoten zeigt, dass beide Positionen durch aussagekräftige und überlegte Argumente gestützt werden können. (...)

Hieraus lässt sich schlussfolgern, dass in dieser Debatte dem persönlichen Urteil eine besondere Bedeutung zukommt. (...)

Die Überlegungen zeigen schließlich: Das Problem der Leistungsbewertung ist in der Schule besonders ausgeprägt und wird auch weiterhin lebhaft diskutiert werden.

BESONDERS NÜTZLICH

Zwei Schemata einer dialektischen Erörterung

Die beiden Aufbaumöglichkeiten der dialektischen Erörterung unterscheiden sich nur im Hauptteil.

Schema 1: Die Erörterung im Block

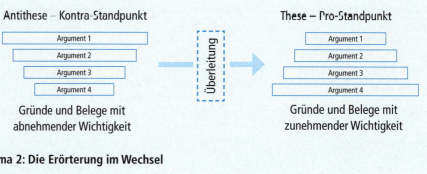

Schema 2: Die Erörterung im Wechsel

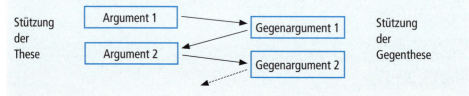

7.2 Die textgebundene Erörterung

Merkmale

Inhalt
- Eine textgebundene Erörterung bezieht sich auf eine Textvorlage, z. B. einen Zeitungstext, der eine strittige Frage behandelt oder ein Problem diskutiert.
- Durch den Bezug zu einem vorliegenden Text unterscheidet sie sich grundsätzlich von den Formen der freien Erörterung, da die Textvorlage zunächst erschlossen werden muss und die vom Verfasser der Erörterung angeführten Meinungen, Beispiele und Argumente des Textes zuerst überprüft werden müssen.

Aufbau
In der **Einleitung** werden die wichtigsten Informationen zusammengefasst:
- Hinweis auf die Textvorlage: Nennung von Titel, Verfasser, Quelle,
- Angabe des im Text behandelten Problems,
- Referieren der vorgebrachten Hauptthesen oder Forderungen; hierzu wird in der Regel die indirekte Rede (↑ S. 22) verwendet.

Im **Hauptteil** wird die Textvorlage erschlossen:
- Wiedergabe und Erläuterung der Argumentation des Verfassers,
- kritische Auseinandersetzung mit dieser Argumentation.

Im **Schlussteil** erfolgt das Abwägen und die eigene Stellungnahme.

TEXTANALYSE

1	Der allgemeine Aufbau	86
■	**BESONDERS NÜTZLICH** Grundlegende Begriffe und ihre Definition	87
2	Die Textanalyse erzählender Texte	88
2.1	Merkmale erzählender Texte	88
2.1.1	Der Erzähler	88
2.1.2	Die Erzählperspektive	89
2.1.3	Die Figurenrede	91
2.1.4	Die Zeit: Erzählzeit und erzählte Zeit	92
2.1.5	Der Raum	93
2.2	Erzählende Texte und ihre Interpretation	93
2.2.1	Die Fabel	93
2.2.2	Die Kurzgeschichte	94
2.2.3	Die Novelle	95
2.2.4	Die Parabel	96
2.2.5	Weitere Formen erzählender Texte	98
3	Die Textanalyse lyrischer Texte (Gedichte)	99
3.1	Merkmale lyrischer Texte	100
3.1.1	Der Inhalt	100
3.1.2	Die rhythmische Gestaltung	100
■	**BESONDERS NÜTZLICH** Silbe, Versfuß und Versmaß (Metrum)	101
3.1.3	Die klangliche Gestaltung	103
3.1.4	Sprachliche Bilder	104
3.1.5	Rhetorische und stilistische Figuren	105
3.2	Lyrische Texte und ihre Interpretation	106
3.2.1	Die Ballade	106
3.2.2	Das Sonett	107
■	**BESONDERS NÜTZLICH** Aufbau und Inhalt des Sonetts	108
3.2.3	Weitere Formen lyrischer Texte	108
4	Die Textanalyse dramatischer Texte	109
4.1	Merkmale dramatischer Texte	109
4.1.1	Text und Aufführung	109
4.1.2	Die Textgestaltung	110
4.1.3	Die szenische Darstellung	110
4.2	Formen dramatischer Texte	111
4.2.1	Das klassische Drama	112
4.2.2	Das moderne Drama	113
4.2.3	Die offene und geschlossene Form des Dramas	114
4.3	Die Interpretation einer Dramenszene	115
5	Die Analyse von Sachtexten	115
5.1	Aufbau und Inhalt der Sachtextanalyse	116
5.2	Die Analyse einer Rede	117
■	**BESONDERS NÜTZLICH** Das Argument	118

1 Der allgemeine Aufbau

Wenn man Texte untersucht und analysiert, müssen grundsätzlich literarische Texte von Sachtexten unterschieden werden. Die literarischen Texte lassen sich wiederum jeweils einer literarischen Gattung zuordnen.

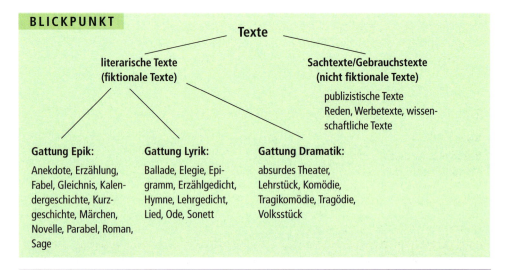

BLICKPUNKT

Texte
- literarische Texte (fiktionale Texte)
- Sachtexte/Gebrauchstexte (nicht fiktionale Texte)
  - publizistische Texte
  - Reden, Werbetexte, wissenschaftliche Texte

Gattung Epik: Anekdote, Erzählung, Fabel, Gleichnis, Kalendergeschichte, Kurzgeschichte, Märchen, Novelle, Parabel, Roman, Sage

Gattung Lyrik: Ballade, Elegie, Epigramm, Erzählgedicht, Hymne, Lehrgedicht, Lied, Ode, Sonett

Gattung Dramatik: absurdes Theater, Lehrstück, Komödie, Tragikomödie, Tragödie, Volksstück

Einleitung
Die Einleitung eines Interpretationsaufsatzes führt den Leser an den literarischen Text und dessen Interpretation heran. Die Einleitung wie auch die Textinterpretation insgesamt werden im Präsens verfasst.
- Sie sollte folgende Informationen enthalten:
  – literarische Gattung, Titel, Entstehungszeit und Autor,
  – grundlegende Merkmale des Textes hinsichtlich Form, Sprache und Inhalt,
  – knappe Zusammenfassung des Inhalts,
  – besondere Auffälligkeiten und erster Leseeindruck.

Textbeschreibung
Durch die Textbeschreibung werden die objektiv feststellbaren Sachverhalte, Beobachtungen und Merkmale des zugrunde liegenden Textes herausgearbeitet. Hierzu gehören eine inhaltliche Zusammenfassung, die Analyse der Form und/oder das Herausstellen von stilistischen und sprachlichen Besonderheiten.
- Der Autor ist der Verfasser des Textes und darf nicht mit dem Erzähler, dem lyrischen Ich oder einer Dramenfigur verwechselt werden.
- Spezielle Fachbegriffe werden verwendet, um die Textbeschreibung kurz und sprachlich klar zu gestalten. Sie müssen nicht erklärt werden.
- Unterschiede und Gegensätze werden ebenso deutlich herausgestellt wie Parallelen und Vergleichbares im Text.
- Die Wirkung der Gestaltungselemente wird beschrieben.

Textdeutung

In der Textdeutung werden Schlussfolgerungen aus den Beobachtungen und Resultaten der Textbeschreibung gezogen.
- Sie wird durch die Ergebnisse der Textbeschreibung belegt und gestützt; sie kann nicht bewiesen werden.
- Eine wichtige Belegmöglichkeit sind Zitate.

Schluss

Der Schluss rundet die Interpretation ab.
- Er kann
  – eine eigene Meinung oder kritische Beurteilung des Textes formulieren,
  – eine wichtige, noch offene Frage oder eine verbleibende Schwierigkeit darstellen oder
  – eigene Erfahrungen oder Schlussfolgerungen für den Leser beschreiben.

BESONDERS NÜTZLICH

Grundlegende Begriffe und ihre Definition

Texte
Texte sind zusammenhängende, schriftliche Vorlagen, die im Wortlaut festgelegt sind. Sie bestehen aus sprachlich-stilistischem Material, haben eine äußere Form und eine innere Struktur. Der Text, der Grundlage einer Analyse ist und auch als Werk bezeichnet wird, muss von Anmerkungen oder Kommentaren zum Text unterschieden werden.

Literarische Texte (fiktionale Texte)
Als fiktionale Texte werden alle dichterischen Texte bezeichnet, die reale oder erfundene Sachverhalte als wirklich darstellen. Die Figuren in einem Drama oder einem Roman sind Teil einer fiktiven Welt, d. h. einer als wirklich erscheinenden Welt. Dem Leser oder Zuschauer ist hierbei bewusst, dass die Figuren nur wirklich erscheinen, sie jedoch nicht wirklich sind.

Sachtexte (nicht fiktionale Texte)
Nicht fiktionale Texte oder Gebrauchstexte sind Sammelbegriffe für Texte, die eine Zweck- oder Gebrauchsfunktion haben.

Analyse, analysieren
Die Textanalyse hat zum Ziel, die Besonderheiten und bestimmenden Merkmale eines Textes zu erfassen und herauszuarbeiten. Die Analyse bildet die Grundlage der Interpretation.
- In der **Formanalyse** werden die Merkmale der Form bestimmt,
- in der **Strukturanalyse** wird die Art und Weise des Aufbaus im Ganzen und in einzelnen Teilen herausgearbeitet und
- in der **Stilanalyse** werden die sprachlichen Besonderheiten untersucht.

Interpretation, interpretieren
Die Interpretation zielt allgemein auf die Deutung oder Auslegung jeder Art von Geschriebenem. Die Interpretation literarischer Texte stützt sich auf die Ergebnisse der vorangegangenen Analyse und deutet den Text mithilfe dieser einzelnen Analyseergebnisse so, dass ein Gesamtverständnis des Textes für den Leser deutlich und nachvollziehbar wird. Durch den Rückbezug auf die einzelnen Analyseergebnisse sind die Schlussfolgerungen der Interpretation für den Leser plausibel.

2 Die Textanalyse erzählender Texte

Bei der Analyse epischer (erzählender) Texte muss zwischen Autor und Erzähler unterschieden werden. Der Autor hat den Text tatsächlich verfasst, die Figur des Erzählers setzt der Autor ein, um die Geschichte erzählen zu lassen. Der Erzähler kann hierbei viele verschiedene Erzählperspektiven (↑ S. 89) einnehmen.

BLICKPUNKT

2.1 Merkmale erzählender Texte

Die Zeitform des Erzählens ist das **epische Präteritum.** Das epische Präteritum ist ein besonderes Merkmal **fiktionaler Prosa** (erzählender Texte). Es bezeichnet keine reale, historische Vergangenheit, sondern lässt die als vergangen angenommenen Geschehnisse gegenwärtiger erscheinen.

2.1.1 Der Erzähler

Autor und Erzähler

Der **Autor** ist der Verfasser einer Erzählung. Er erscheint mit seinem richtigen Namen oder unter einem Pseudonym auf dem Buchtitel. Jeder Autor einer Geschichte wählt eine Erzählform, in der er dem Leser das fiktive Geschehen vermittelt. Diese Vermittlungsinstanz wird häufig personifiziert und Erzähler genannt.	Der **Autor** Conrad Ferdinand Meyer lebte von 1825 bis 1898. Er schrieb seine Novelle *Das Amulett* im Jahr 1873.
Der **Erzähler** kann im Text als Figur in Erscheinung treten, der Erzähler ist jedoch nie mit dem Autor identisch. Der Erzähler ist eine vom Autor erfundene Figur, die zwischen der Welt des Erzählwerks und der Welt des Lesers vermittelt.	In der Novelle äußert sich die Figur des **Ich-Erzählers** zu ihrer eigenen Biografie: »Ich bin im Jahr 1553 geboren. (...)« Die fiktive Biografie des Ich-Erzählers beginnt somit im 16. Jahrhundert.

Erzählformen

Erzählbericht Im Erzählbericht wird der Handlungsverlauf sachlich, präzise und in logisch folgerichtiger Darstellung präsentiert. Da der Erzählbericht auch nicht durch persönliche Stellungnahmen durchbrochen wird, hat der Erzähler durch die Berichtsform die Möglichkeit zu straffen und das Geschehen voranzutreiben.	»Die Entzückungen des Wiedersehens waren noch nicht vorüber und die Anstalten zur Vermählung wurden auf das Lebhafteste betrieben, als der Bräutigam – verschwand.« (Friedrich Schiller, *Der Geisterseher*)
Beschreibung Der Erzähler wird häufig in die Lage gesetzt, Handlungsorte oder Charaktere der Erzählung zu beschreiben.	»Gegen die Grenzen der Wiesen zu war ein Gebirgsbach, über welchen ein hoher Steg führte. Die Kinder gingen auf den Steg und schauten hinab. Im Bache war schier kein Wasser; ein dünner Faden von sehr starker blauer Farbe ging durch die trockenen Kiesel des Gerölls, die wegen der Regenlosigkeit ganz weiß geworden waren, (...)« (Adalbert Stifter, *Bergkristall*)
Kommentar/Reflexion Der Erzähler kann eigene Überlegungen äußern und so in den Handlungsablauf eingreifen.	»Solchen närrischen Leuten mag ich mich nun nicht gleichstellen, (...)« (Grimmelshausen, *Der abenteuerliche Simplicissimus*)

2.1.2 Die Erzählperspektive

Den besonderen Blick- oder Standpunkt, von dem aus eine Geschichte erzählt wird, bezeichnet man als Erzählperspektive. Erzählperspektiven unterscheidet man grundsätzlich nach der **Er-Form** und der **Ich-Form.** Mit der Erzählperspektive kann der Verfasser oder die Verfasserin die Sichtweise des Lesers lenken.

Der **Erzählerstandort** ist ein besonderer Aspekt der Erzählperspektive. Wie bei der Kameraeinstellung im Film kann der Erzähler aus großer Ferne, aus großer Nähe oder auch mit einem eingeschränkten Blickwinkel die Geschehnisse wahrnehmen.

Der Er-Erzähler

Die handelnde, erlebende Figur und die erzählende Figur sind nicht identisch.	»Er ritt einst, mit einer Koppel junger Pferde, wohlgenährt alle und glänzend, ins Ausland, (...)« (Heinrich von Kleist, *Michael Kohlhaas*)

Der Ich-Erzähler

■ Der Ich-Erzähler ist eine Figur, die selbst ein **Teil der Handlung** ist. Er gehört zur Welt der Erzählung. ■ Er scheint das Erzählte unmittelbar erlebt oder aus erster Hand erfahren zu haben. ■ Er kann auktorial oder personal angelegt sein.	»Es liegt mir daran, gleich in den ersten Zeilen dieser Niederschrift zu beweisen oder darzutun, dass ich noch zu den Gebildeten mich zählen darf. Nämlich ich habe es in Südafrika zu einem Vermögen gebracht, (...)« (Wilhelm Raabe, *Der Stopfkuchen*)

Auktorialer Ich-Erzähler
Der auktoriale Ich-Erzähler organisiert als **erinnerndes Ich** mit Distanz aus dem Rückblick das Geschehen, an das er sich erinnert.

»Was ich zu berichten beabsichtige, ist mir vor reichlich einem halben Jahrhundert im Hause meiner Urgroßmutter, der alten Frau Senator Feddersen, kundgeworden.«
(Theodor Storm, *Der Schimmelreiter*)

Personaler Ich-Erzähler
Der personale Ich-Erzähler vermittelt unmittelbar das Geschehen. Erzählendes und erlebendes Ich sind eins.

»Ich stehe auf der Plattform des elektrischen Wagens und bin vollständig unsicher, in Rücksicht meiner Stellung in dieser Welt.«
(Franz Kafka, *Der Fahrgast*)

Die auktoriale Erzählperspektive

- Der auktoriale Erzähler erscheint als eigenständige Figur, die außerhalb des Erzählten steht. Er erzählt aus dieser Distanz heraus. Der Leser blickt mit ihm **von außen** auf die Figuren, er ist ein **allwissender Erzähler**.
- Typische Erzählweisen des auktorialen Erzählers sind der Erzählbericht, der Erzählerkommentar und die indirekte Rede (↑ S. 22).
- Besonders deutlich tritt der auktoriale Erzähler hervor, wenn er sich in das erzählte Geschehen einmischt oder seine Kenntnisse über die Vor- oder Nachgeschichte eines Ereignisses erwähnt. Er kann sich auch direkt an den Leser wenden.

»In Jeronimos und Josephens Brust regten sich Gedanken von seltsamer Art. Wenn sie sich mit so vieler Vertraulichkeit und Güte behandelt sahen, wussten sie nicht, was sie von der Vergangenheit denken sollten, vom Richtplatze, von dem Gefängnisse, und der Glocke; und ob sie bloß davon geträumt hätten?«
(Heinrich von Kleist, *Das Erdbeben in Chili*)

»Seltsamer und wunderlicher kann nichts erfunden werden, als dasjenige ist, was sich mit meinem armen Freunde, dem jungen Studenten Nathanael, zugetragen und was ich Dir, günstiger Leser! zu erzählen unternommen.«
(E. T. A. Hoffmann, *Der Sandmann*)

Die personale Erzählperspektive

- Die Erzählfigur tritt in den Hintergrund, es fehlt ein Erzähler mit eigenständigen Zügen. Der **Leser** hat den Eindruck, er befinde sich **unmittelbar im Geschehen** oder er sehe die Vorgänge aus der Perspektive einer beteiligten Person. Die personale Erzählperspektive wirkt dadurch direkt und unmittelbar.
- Das Geschehen wird **aus der Sicht einer** oder **mehrerer Figuren** der Handlung dargestellt. Die äußere Wahrnehmung wird dadurch begrenzt, die innere jedoch erweitert. Es können besonders gut Bewusstseinszustände und -prozesse und Gefühle dargestellt werden.
- Typische Erzählweisen sind Personenrede (direkte Rede) und innerer Monolog.
- Der Raum der äußeren Handlung wird allein durch das personale Erzählen erfasst.

»›Ich bin es nicht gewesen‹, quäkte Kieselack dazwischen.
›Aber wir!‹ entschied Lohmann, peinlich berührt durch diese Kameradschaft. (…)
Von Ertzum wiederholte:
›Ich habe es ganz allein kaputtgemacht. Das ist wahr.‹
›Mein Lieber, rede keinen Kohl‹, bat Lohmann. Und der andere:
›Zum – noch mal. Du warst ja ein ganzes Stück davon weg. Du saßest ja mit –‹
›Mit wem?‹ fragte der Vorsitzende.«
(Heinrich Mann, *Professor Unrat*, Rowohlt 1951)

Die neutrale Erzählperspektive

- Das Geschehen wird unmittelbar ohne die Bindung an eine Person wiedergegeben.
- Es wird weder aus der Sicht einer Person erzählt noch wird es kommentiert.
- Fakten und Vorgänge werden **sachlich** beschrieben bzw. berichtet oder der Erzählvorgang besteht einfach darin, dass Gespräche ohne Zwischenbemerkungen, **wie protokolliert,** wiedergegeben werden.
- Typische Erzählweise ist das szenische Erzählen.

»Das Fliegenpapier Tangle-foot ist ungefähr sechsunddreißig Zentimeter lang und einundzwanzig Zentimeter breit: es ist mit einem gelben, vergifteten Leim bestrichen und kommt aus Kanada. Wenn sich eine Fliege darauf niederlässt –, klebt sie zuerst nur mit den äußersten umgebogenen Gliedern aller ihrer Beinchen fest.«

(Robert Musil, *Das Fliegenpapier*)

2.1.3 Die Figurenrede

Direkte (wörtliche) Rede Im Erzähltext wird sie einer Person zugeordnet und durch **Anführungszeichen** gekennzeichnet.	»›Und dort ist euer Haus?‹, fragte er.« (Adalbert Stifter, *Witiko*)
Szenische Darstellung Ist eine Passage eines Erzähltextes durch die Wiedergabe direkter Äußerungen einer oder mehrerer Figuren gekennzeichnet, ohne dass sich der Erzähler einschaltet, erhält die Passage eine **dialogische Struktur,** ähnlich wie im Drama. Man spricht in diesem Fall von szenischer Darstellung, weil die Figuren wie die Dialogpartner im Drama erscheinen.	»Sein blauschwarzes Haar war geflochten, und seine Augen funkelten. ›Wer bist du?‹, fragte die Amme erschrocken, ›dich habe ich nie gesehen.‹ ›Ich bin der Zwölfte, das mag dir genügen‹, entgegnete der Bote. ›Es ist an mir, zu fragen, an dir, zu antworten. Trägt sie diesmal ein Ungeborenes im Schoß? Ist das Verhasste in diesem Monat geschehen? Dann wehe dir und mir und uns allen.‹ Die Amme verneinte heftig. ›Also wirft sie noch keinen Schatten?‹, fragte der Bote weiter.« (Hugo von Hofmannsthal, *Die Frau ohne Schatten*)
Indirekte Rede Werden die Gedanken und Äußerungen der Figuren vom Erzähler referiert, verwendet er die indirekte Rede. Hierbei werden Verben der Redewiedergabe wie **er sagte, er meinte** oder **er dachte** benutzt. Formal ist die indirekte Rede durch den Gebrauch des Konjunktivs I (↑ S. 20) gekennzeichnet.	»Auf seine Frage, ob etwa ein Gesell angekommen sei, antwortete der Herbergsvater: Dies wäre allerdings der Fall; es sei am gestrigen Abend ein stiller, netter Bursch zugereist gekommen, und er zweifle nicht, dass er mit Vergnügen in Arbeit treten werde; (…)« (Friedrich Hebbel, *Barbier Zitterlein*)
Innerer Monolog Im inneren Monolog wird ein **stummes Selbstgespräch** präsentiert. Der Erzähler tritt völlig zurück. Mittels der 1. Person Präsens wird eine authentische Präsentation gedanklicher Vorgänge in einer literarischen Figur und ihre unmittelbare Wahrnehmung durch den Leser angestrebt.	»Wie lange wird denn das noch dauern? Ich muss auf die Uhr schauen … schickt sich wahrscheinlich nicht in einem so ernsten Konzert. Aber wer sieht's denn? Wenn's einer sieht, so passt er gerade so wenig auf wie ich, und vor dem brauch' ich mich nicht zu genieren.« (Arthur Schnitzler, *Leutnant Gustl*)

Erlebte Rede
Der Erzähler gibt Gedanken und Empfindungen aus der **Perspektive der Figur** in der 3. Person meist im epischen Präteritum (↑ S. 88) wieder.

»Warum, warum war er hier? Warum saß er nicht in seiner Stube am Fenster und las in Storms ›Immensee‹ und blickte hie und da in den abendlichen Garten hinaus, wo der alte Walnussbaum schwerfällig knarrte?«
(Thomas Mann, *Tonio Kröger*, Fischer 1903)

2.1.4 Die Zeit: Erzählzeit und erzählte Zeit

Die Erzählzeit umfasst den Zeitraum, den der Erzähler benötigt, um seine Geschichte zu erzählen, bzw. den Zeitraum, den der Leser benötigt, um sie zu lesen. Die erzählte Zeit umfasst den Zeitraum, den der Inhalt der Geschichte umgreift. Drei Grundbeziehungen sind zwischen erzählter Zeit und Erzählzeit möglich: **Zeitraffung**, **Zeitdehnung** und **Zeitdeckung**.

Verhältnis Erzählzeit zu erzählter Zeit	
Zeitraffung Am häufigsten findet man in Erzähltexten die Zeitraffung. Die erzählte Zeit umfasst in diesem Fall einen großen Zeitraum, während die Erzählzeit kurz ist. Dadurch kann der **Erzählvorgang dynamischer** werden als z. B. bei der Zeitdehnung.	»Im Schnellzug, nach den raschen Handlungen und Aufregungen der Flucht und der Grenzüberschreitung, nach einem Wirbel von Spannungen und Ereignissen, Aufregungen und Gefahren, noch tief erstaunt darüber, daß alles gut gegangen war, sank Friedrich Klein ganz und gar in sich zusammen.« (Hermann Hesse, *Klein und Wagner*, Suhrkamp 1952)
Zeitdehnung Wenn die Erzählzeit länger ist als die erzählte Zeit, spricht man von Zeitdehnung. Die Erzählzeit überschreitet die erzählte Zeit. Ein tatsächlich kurzer Vorgang oder ein Augenblick werden ausführlich beschrieben.	»Im Augenblick, da er im hellen Tageslicht unter dem gotischen Portale erschien, eingehüllt in einen weiten Chorrock aus Silberstoff, wurde er so blass, dass mehr als einer aus der Volksmenge dachte, es wäre einer der marmornen Bischöfe, die auf den Grabsteinen des Chores auf den Knien liegen, der sich erhoben hätte, um die dem Tode Geweihten an der Schwelle des Grabes zu empfangen.« (Victor Hugo, *Der Glöckner von Notre-Dame*)
Zeitdeckung Wenn die erzählte Zeit und die Erzählzeit sich in etwa entsprechen, spricht man von Zeitdeckung. Es entsteht der Eindruck naturgetreuer Wiedergabe. Dies ist bei der wörtlichen Wiedergabe eines Dialogs möglich.	»In Falun in Schweden küsste vor guten fünfzig Jahren und mehr ein junger Bergmann seine hübsche Braut und sagte zu ihr: ›Auf Sankt Luciä wird unsere Liebe von des Priesters Hand gesegnet. Dann sind wir Mann und Weib und bauen uns ein eigenes Nestlein.‹ – ›Und Friede soll darin wohnen‹, sagte die schöne Braut mit holdem Lächeln, ›denn du bist mein Einziges und Alles, und ohne dich möchte ich lieber im Grab sein als an einem anderen Ort.‹« (Johann Peter Hebel, *Unverhofftes Wiedersehen*)

2.1.5 Der Raum

Raum als Handlungsort Unter dem Begriff des Raums wird zunächst ganz konkret der Handlungsort, d. h. der Schauplatz, an dem sich das Erzählte ereignet, bezeichnet.	In der Kurzgeschichte *Die Kirschen* von Wolfgang Borchert ist der Handlungsort eine kleine Wohnung. Der Vater befindet sich in der Küche und sein Sohn liegt im Nebenzimmer mit Fieber im Bett.
Raum als Gefühlsraum Der Begriff des Raums bezeichnet in einem erzählenden Text einen Bereich, mit dem eine Figur der erzählten Welt in besonderer Beziehung steht, zu dem sie eine emotionale Beziehung entwickelt hat.	In Goethes Briefroman *Die Leiden des jungen Werthers* schreibt Werther: »Die Stadt selbst ist unangenehm, dagegen ringsumher eine unaussprechliche Schönheit der Natur.« Hier besteht eine besondere Beziehung zwischen der Gefühlswelt Werthers und der Natur.
Raum als Symbol Der Raum kann im Rahmen der erzählten Welt nicht nur für einen Ort des Geschehens stehen, sondern auch eine eigene Bedeutung gewinnen. In diesem Fall kommt dem Raum eine symbolische Bedeutung zu.	In Franz Kafkas Erzählung *Die Verwandlung* heißt es: »(...) denn anders konnte er es sich nicht erklären, dass er ernsthaft danach hatte verlangen können, dass sein Zimmer ausgeleert würde.« Die Verwandlung des Zimmers in eine Höhle steht symbolisch für die psychische Veränderung des in einen Käfer verwandelten Gregor.

2.2 Erzählende Texte und ihre Interpretation

2.2.1 Die Fabel

Die Fabel ist eine literarische Kurzform, die ursprünglich mündlich vorgetragen wurde. Martin Luthers Fabeln zielen oft auf religiöse Unterweisung und moralische Erziehung. Bei La Fontaine (1621–1695) rückte das Unterhaltsame ins Zentrum, wohingegen Lessing im 18. Jahrhundert mit seinen Fabeln Kritik übte.

> **BLICKPUNKT**
>
> Die Eigenschaften der Tiere schaffen eine Bildebene der erzählten Welt, die eng auf eine Sachebene bezogen ist. Auf der Sachebene werden die Bilder entschlüsselt.
>
>

Aus: Martin Luther, *Vom Frosch und von der Maus*

Eine Maus wollte gern ans andere Ufer eines breiten Baches, konnte aber nicht schwimmen und bat den Frosch um Rat und Hilfe. Der Frosch war ein Schalk und sprach zur Maus: »Binde deinen Fuß an meinen Fuß, so will ich schwimmen und dich hinüberziehen.« Als sie aber mitten auf dem Wasser waren, tauchte der Frosch unter und wollte die Maus ertränken. Die Maus wehrte sich verzweifelt, zappelte und strampelte. Da wurde ein vorbeifliegender Bussard auf die zappelnde Maus aufmerksam, packte sie und zog sie mitsamt dem Frosch aus dem Wasser. Dann fraß er sie beide.

Inhalt
- Es treten meist Tiere als Spieler und Gegenspieler auf, denen bestimmte menschliche Eigenschaften zugeordnet sind.
- Fabeln zielen mit ihren verschlüsselten Wahrheiten auf Kritik menschlicher Schwächen sowie gesellschaftlicher oder politischer Zusammenhänge.

Spieler: Maus, Gegenspieler: Frosch
Maus: Hilfe suchend, leichtgläubig
Frosch: verschlagen, Bussard: gerecht
Hier wird die Moral nicht ausdrücklich formuliert. Sie könnte lauten: *Mit Hinterlist und Treulosigkeit schadet man schließlich sich selbst.*

Form/Aufbau
- Die **Einleitung** stellt eine Situation dar, in der alles, was zum Verständnis der nachfolgenden Handlungen wichtig ist, genannt wird.
- Im **Hauptteil** steigert sich die Spannung und steuert auf einen Höhepunkt zu. Sie entsteht dadurch, dass auf die Rede oder Handlung des ersten Tieres (Actio) eine Reaktion erfolgt (Reactio). Actio und Reactio können sich mehrmals wiederholen.
- Der **Schlussteil** enthält eine Lehre, die oft ausdrücklich formuliert ist.

Sprache
Die Fabel ist als Erzählung, manchmal als Vers oder Prosa verfasst. In einigen Fabeln reagieren die Akteure im direkten Dialog aufeinander.

Die Macht der Winzigkeit
»›Mach, dass du wegkommst!‹, schnaubte der Stier die Mücke an, die ihm im Ohr saß. ›Du vergisst, dass ich kein Stier bin‹, sagte die Mücke und stach ihn gemächlich.«
(Wolfdietrich Schnurre, Langen-Müller 1957)

2.2.2 Die Kurzgeschichte

Der Begriff Kurzgeschichte, eine Lehnübersetzung des amerikanischen Gattungsbegriffs **Short Story,** entwickelte sich in Deutschland mit dem literarischen Neubeginn nach 1945.

Definitionsprobleme
Aufgrund der vielfältigen Ausgestaltungen und Eigenarten der verschiedenen Texte kann die Frage, was eine Kurzgeschichte sei, nicht eindeutig beantwortet werden. Einige zumindest für viele Kurzgeschichten zutreffende Charakteristika gehen jedoch auf ihre knappe Form zurück.

Inhalt
- Die Kurzgeschichte konzentriert sich auf ein besonderes Ereignis oder eine besondere Lebenssituation. Hierdurch werden einzelne Details betont.
- Oft sind Inhalte des Alltags Gegenstand der Kurzgeschichte.
- Es kann auch die krisenhafte Gefährdung des Individuums in einer Welt thematisiert werden, die plötzlich als unsicher und fragwürdig erfahren wird.
- Häufig ist eine Grenzsituation mit Entscheidungszwang dargestellt.
- Das dargestellte Ereignis oder Geschehen ist ein besonderes, zumeist krisenhaftes Ereignis oder Geschehen, das nur einen kurzen Zeitraum umfasst.

Form
- Formal kennzeichnend sind Ausschnitthaftigkeit und Kürze.
- Der Handlungsverlauf ist häufig linear.
- Der Anfang der Kurzgeschichte ist oft unvermittelt, d. h., es gibt keine Einführung in die Situation. Die Kurzgeschichte endet häufig offen (offener Schluss), d. h., das Ende der Kurzgeschichte bietet keine Lösung; hierdurch wird beim Leser Verunsicherung erzeugt, da er vom Erzähler zurückgelassen wird.

Erzählerische Gestaltung
- Der Standort des Erzählers ist distanziert.
- Die Erzählhaltung ist zumeist personal oder neutral.
- Die erzählerische Atmosphäre ist aufgrund der gestalterischen Kürze sehr dicht.
- Die erzählerische Gestaltung ist auf das Ende der Kurzgeschichte hin angelegt.

Figuren
- Das Geschehen dreht sich häufig um eine oder zwei Hauptfiguren.
- Einfache Menschen, Verachtete, Leidende oder Außenseiter der Gesellschaft sind häufig Handlungsträger. Die Hauptfigur ist oft ein Antiheld.
- Der Charakter der Hauptfigur ist alltäglich und unauffällig. Meistens sind die Lebensumstände für den Leser nachvollziehbar. Die Figuren sind deshalb weniger individuelle Charaktere als Typen, die oftmals auch keine Namen tragen.

Sprache
- einfacher Sprachstil,
- häufig parataktischer Satzbau (↑ S. 51),
- häufig Verwendung von Umgangs- und Alltagssprache.

2.2.3 Die Novelle

Die Novelle ist kürzer als der Roman, jedoch umfangreicher als die Fabel oder die Kurzgeschichte. Goethe definierte die Novelle als eine »sich ereignete unerhörte Begebenheit« (1827) und meinte damit eine noch nie gehörte Begebenheit. In ihrer Gestaltung und in ihrem Aufbau weist die Novelle Ähnlichkeit mit dem Drama auf, da sie auf ein einzelnes dramatisches Ereignis hin komponiert ist und Höhepunkte und Wendepunkte wichtige strukturelle Elemente sind.

BLICKPUNKT

alte Ordnung → »sich ereignete unerhörte Begebenheit« (Goethe) → **veränderte Situation**

Merkmale der Novelle	Beispieltext: Heinrich von Kleist, *Das Erdbeben in Chili*
»unerhörte Begebenheit«	1. Erdbeben 2. Ermordung dreier Menschen
Wendepunkt/Höhepunkt	Das Erdbeben am Anfang der Novelle und die Ermordung von Jeronimo, Josephe und der irrtümliche Mord an Juan am Schluss sind unerhörte Begebenheiten und zugleich Höhepunkte und Wendepunkte der Ereignisse.
Symbole und Leitmotive	Glockenklang, Pfeiler, Granatapfel

Inhalt
Die Novelle konzentriert sich auf ein einzelnes Ereignis, die **unerhörte Begebenheit,** die real vorstellbar ist.

Form
- Die Konzentration auf ein einzelnes Ereignis führt zu zeitlicher Straffung und einer oft einsträngigen Handlungsführung.
- Der Wendepunkt und Spannungshöhepunkt sind klar herausgebildet, wobei die Spannung zum Ende der Novelle hin abklingt.
- Die Verwendung von Leitmotiven (einprägsame, formelhafte, wiederkehrende Aussagen) hat Gliederungsfunktion oder schafft Zusammenhänge.
- Das Spezifische der Novelle kann konzentriert in einem Dingsymbol zum Ausdruck kommen. Ein Dingsymbol ist ein Gegenstand von symbolhafter Bedeutung, das an entscheidenden Stellen wiederholt erscheint.
- Zur künstlerischen Gestaltung kann die Rahmenerzählung gehören, in die die eigentliche Geschichte als Binnenerzählung eingebettet ist.

Sprache
Die Novelle ist häufig in einem objektiven Berichtstil ohne Einmischung des Erzählers verfasst.

2.2.4 Die Parabel

Die Parabel ist verwandt mit der Fabel und dem Gleichnis. Auch sie ist eine Vergleichsgeschichte. Von einem Vergleichspunkt aus wird auf den gemeinten Sachverhalt übertragen, ohne jedoch – wie beim Gleichnis – mithilfe von Vergleichspartikeln zu formulieren.

BLICKPUNKT

Bei der Interpretation von Parabeln unterscheidet man zwischen einer Bildebene und einer Sachebene. Anhand des mathematischen Modells der Parabel lassen sich die Kennzeichen der literarischen Erzählform der Parabel folgendermaßen erschließen:

mathematisches Modell	literarischer Text
linker Parabelast	Der literarische Text baut den Bildbereich auf.
Scheitelpunkt: Dies ist der einzige Punkt, der auf der Symmetrieachse liegt.	Bild und Sachebene fallen zusammen: Es gibt einen Vergleichspunkt, das **Tertium Comparationis** zwischen Bild- und Sachbereich.
Symmetrie: Jeder Punkt auf dem linken Parabelast hat seine genaue Entsprechung zu einem Punkt auf dem rechten Parabelast.	Die Aussagen auf der Sachebene werden durch Analogieschluss aus dem literarischen Text entnommen.

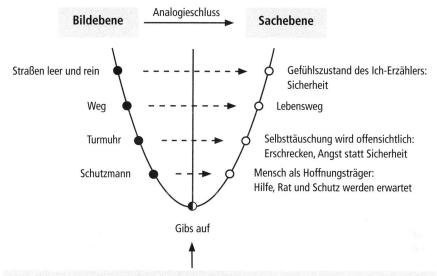

Das **Tertium Comparationis** zwischen Sach- und Bildebene:
Die Hoffnung auf Hilfe wird enttäuscht, der Hilfesuchende wird sogar durch das Lächeln des »Schutzmanns« mit Hohn und Spott bedacht. Das Hilfe suchende Ich ist völlig hoffnungslos und isoliert.

Aus: Franz Kafka, *Gibs auf!*

Es war sehr früh am Morgen, die Straßen rein und leer, ich ging zum Bahnhof. Als ich eine Turmuhr mit meiner Uhr verglich, sah ich, dass es schon viel später war, als ich geglaubt hatte, ich musste mich sehr beeilen, der Schrecken über diese Entdeckung ließ mich im Weg unsicher werden, ich kannte mich in dieser Stadt noch nicht sehr gut aus, glücklicherweise war ein Schutzmann in der Nähe, ich lief zu ihm hin und fragte ihn atemlos nach dem Weg. Er lächelte und sagte: »Von mir willst du den Weg erfahren?« »Ja«, sagte ich, »da ich ihn selbst nicht finden kann.« »Gibs auf, gibs auf«, sagte er und wandte sich mit einem großen Schwunge ab, so wie Leute, die mit ihrem Lachen allein sein wollen.

Inhalt
Die Parabel ist ein zu einer selbstständigen Erzählung erweiterter Vergleich. Durch Analogieschluss wird der gemeinte Sachverhalt von der Bildebene auf die Gedankenebene übertragen. Wesentlich ist die lehrhafte Tendenz der Parabel.

Form
Die Parabel kann eine Erzählung sein (Franz Kafka, Die Verwandlung). Es gibt aber auch dramatische Parabelstücke (Gotthold E. Lessing, Nathan der Weise) oder Parabeln in Romanform (Franz Kafka, Der Prozess).

Sprache
Da die Parabel zumeist einen prägnanten Einzelfall erzählt, wird dafür das **Präteritum** verwendet.

2.2.5 Weitere Formen erzählender Texte

Anekdote
Eine Anekdote ist eine kurze Erzählung, in der es häufig um eine geschichtliche Persönlichkeit oder um ein geschichtliches Ereignis geht. Schlaglichtartig werden in Form einer Pointe Begebenheiten dargestellt, die die Person oder das Ereignis kennzeichnen.

Detektivgeschichte
Die Detektivgeschichte ist eine besondere Form der Kriminalgeschichte, in der nicht die Darstellung eines Verbrechens, sondern die Ermittlungsarbeit des Detektivs zur Entlarvung des Täters im Vordergrund steht.

Erzählung
Eine Erzählung ist ein Sammelbegriff für Kurzformen von epischen Gattungen (Fabel, Kurzgeschichte, Parabel, Novelle). Es handelt sich um eine mündliche oder schriftliche Darstellung von realen oder fiktiven Ereignissen vorwiegend in Prosa.

Gleichnis
Das Gleichnis ist mit den Textsorten Fabel und Parabel verwandt. Es handelt sich auch hier um parabolisches Sprechen. Im Gleichnis wird ein zu veranschaulichender Sachverhalt auf ein Bild bezogen. Die Bildebene entstammt zum besseren Verständnis der Ebene der Alltagswirklichkeit oder zumindest einem der Vorstellung des Lesers näherliegenden Bereich. Im Gleichnis beziehen sich zudem Sachebene und Bildebene durch Vergleichspartikel (so, so ... wie) direkt und ausdrücklich aufeinander.

Kalendergeschichte
Kalendergeschichten entstanden, wie der Name bereits andeutet, im Zusammenhang mit der Entwicklung des gedruckten Kalenders im 16. Jahrhundert. Sie bezeichnet eine kurze volkstümliche Erzählung, die immer belehrend ist, oft auch unterhalten soll und volkstümlich derbe Züge annehmen kann.

Märchen
Das Märchen zählt als literarische Textart wie die Sage zu den einfachen Formen, die ursprünglich mündlich überliefert wurden. Es ist eine (meist kurze) Erzählung in Prosa. Trotz der einfachen Erzählweise waren Märchen ursprünglich nicht für Kinder gedacht, sondern gehörten zum mündlichen Erzählgut der Erwachsenen. Grundsätzlich unterscheidet man die Volksmärchen, die mündlich überliefert wurden und deren Autor unbekannt ist, von den Kunstmärchen, die Werk eines bekannten Autors sind. Kennzeichnend für Märchen sind die formelhafte Sprache, die Verwendung von Symbolen und die Aufhebung von Natur- und Kausalgesetzen.

Roman
Der Roman ist eine epische Großform, die in Prosa verfasst ist. Dargestellt sind erfundene oder tatsächliche menschliche Begebenheiten. Romane enthalten in der Regel eine ganze Reihe von Personen als Handlungsträger, verzweigte Zusammenhänge durch Haupt- und Nebenhandlungen und einen breit ausgreifenden Aufbau.

Sage
Eine Sage ist eine zumeist kurze volkstümliche Erzählung oder ein Bericht über ein außergewöhnliches, oft übernatürliches Ereignis oder Erlebnis, das an Personen, Naturerscheinungen oder bestimmte Gebäude geknüpft ist, wobei gleichwohl der Anspruch auf Glaubwürdigkeit erhoben wird. Die Sage bietet einen Erklärungsversuch mittels überirdischer Kräfte oder wunderbarer Fügungen an, weil vernünftige Erklärungen nicht hinreichend sind.
Die Sage hat oftmals einen geschichtlichen Kern. Man unterscheidet **Volkssagen** (die vor allem mündlich überliefert sind) und **Kunstsagen,** die von einem namentlich bekannten Autor verfasst wurden. Die Sage ist mit dem Märchen verwandt, unterscheidet sich davon aber durch einen höheren Realitätsanspruch.

Sprichwort/Spruch
Ein bekannter, weitverbreiteter, eingängig formulierter Satz, Spruch oder Vers, der eine allgemein anerkannte Wahrheit, Lebenslehre oder Lebenserfahrung zum Ausdruck bringt. Im Gegensatz zu Redewendungen können Sprichwörter für sich allein stehen.

3 Die Textanalyse lyrischer Texte (Gedichte)

Das bestimmende Merkmal aller lyrischen Texte ist die **gebundene Sprache in Versen** und der besondere **Klangcharakter,** der mithilfe von Versmaß, Rhythmus und Reimschema (↑ S. 101–103) erzeugt wird. Bei der Analyse eines Gedichts wird der Autor vom **lyrischen Ich** unterschieden, das in vielen Gedichten seine Erlebnisse, Gefühle oder Eindrücke schildert, jedoch nicht mit dem Autor identisch ist. Die Lyrik ist die poetische Gattung, die am unmittelbarsten menschliche Stimmungen ausdrücken kann.

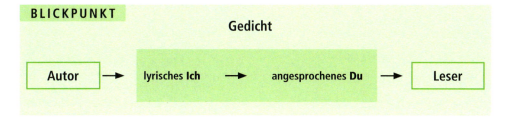

3.1 Merkmale lyrischer Texte

3.1.1 Der Inhalt

Gedichte lassen sich nach ihrem thematischen Schwerpunkt ordnen. ■ **Erlebnislyrik:** Der Dichter verarbeitet persönliche, subjektive, reale, irreale oder traumhafte Erlebnisse. ■ **Großstadtlyrik:** Es werden die oft negativen Erfahrungen des Menschen in der modernen Großstadt dargestellt. ■ **Liebeslyrik:** Es werden Gefühle und der seelisch-geistige Bereich einer Liebesbeziehung thematisiert. ■ **Naturlyrik:** Ihre zentralen Motive sind Naturerscheinungen wie Landschaft, Wetter, Fauna und Flora. ■ **politische Lyrik:** Es werden politische Ideen oder Vorgänge thematisiert.	Johann Wolfgang von Goethe, *Willkommen und Abschied* Georg Heym, *Die Stadt* Erich Fried, *In der Ferne* Joseph Freiherr von Eichendorff, *Mondnacht* Heinrich Heine, *Die schlesischen Weber*

3.1.2 Die rhythmische Gestaltung

Der Vers

Als Vers bezeichnet man die Zeile eines Gedichts. Die Länge ist bewusst vom Autor gewählt und steht zur Aussagekraft des Gedichts in enger Beziehung. Der erste Buchstabe wird unabhängig von den geltenden Rechtschreibregeln häufig großgeschrieben.	Goethes Gedicht *Ein gleiches* beginnt mit zwei Sätzen, die fünf Verse gestalten: »Über allen Gipfeln Ist Ruh, In allen Wipfeln Spürest du Kaum einen Hauch; (...)«

Die Strophe

Als Strophe bezeichnet man einen Gedichtabschnitt, der in der Regel aus mehreren Versen besteht. Eine Strophe ist durch einen Absatz von der nächsten Strophe (den folgenden Versen) getrennt.	In Heinrich Heines Ballade *Belsatzar* besteht jede Strophe aus zwei Versen: »Die Mitternacht zog näher schon; In stummer Ruh lag Babylon. Nur oben in des Königs Schloss, Da flackerts, da lärmt des Königs Tross. (...)«
Zeilenstil Das Ende einer syntaktischen Einheit, zum Beispiel ein Hauptsatz oder ein Nebensatz, stimmt mit dem Versende überein.	»Die Blätter fallen, fallen wie von weit, als welkten in den Himmeln ferne Gärten; sie fallen mit verneinender Gebärde.« (Rainer Maria Rilke, *Herbst*)
Enjambement (Zeilensprung) Der Satz bzw. die syntaktische Einheit überspringt das Versende und wird in der nächsten Zeile fortgesetzt. Es gibt keine Sprechpause am Ende des Verses.	»Dicht wie die Löcher eines Siebes stehn Fenster beieinander, drängend fassen Häuser sich so dicht an, dass die Straßen Grau geschwollen wie Gewürgte stehn.« (Alfred Wolfenstein, *Städter*, Fischer 1914)

3.1 Merkmale lyrischer Texte

BESONDERS NÜTZLICH

Silbe, Versfuß und Versmaß (Metrum)

Beim langsamen Sprechen zerfallen Wörter in **Silben**:
Kinder → Kin – der (zwei Silben)
Zimmerpflanze → Zim – mer – pflan – ze (vier Silben)

Silben können **betont** oder **unbetont** sein:
Kinder → Kin – der   Abfolge der Betonung: betont – unbetont
Zimmerpflanze → Zim – mer – pflan – ze   Abfolge der Betonung: betont – unbetont – betont – unbetont

Eine betonte Silbe (–) bezeichnet man in einem Vers als **Hebung**, eine unbetonte Silbe (◡) als **Senkung**. Das **Metrum** oder **Versmaß** bezeichnet die regelmäßige Abfolge von Hebungen und Senkungen in einem Vers. Es bezeichnet das abstrakte Schema, den speziellen Bauplan der Abfolge von Hebungen und Senkungen. Je nach Anzahl der Hebungen spricht man von einem zweihebigen Metrum, einem dreihebigen Metrum usw. **Versfüße** sind die kleinsten Einheiten des Metrums. Sie heißen wie in der Musik auch Takte. Die wichtigsten Versfüße sind Jambus, Trochäus, Daktylus und Anapäst.

zweihebiges Metrum:
–◡–◡   »Seht die Flam – me,
–◡–◡   die euch wärm – te«
(Wilhelm Müller, *Lieder der Griechen*)

–◡|–◡   Seht die Flam – me
kleinste Einheit
des Metrums:
– ◡ (betont – unbetont)
zwei Takte

dreihebiges Metrum:
◡–◡–◡–◡   »Es war, als hätt der Him – mel
◡–◡–◡–   Die Er – de still ge – küsst«
(Joseph von Eichendorff, *Mondnacht*)

◡–|◡–|◡–|◡   Es war, als hätt der Him – mel
kleinste Einheit
des Metrums:
◡– (unbetont – betont)
drei Takte mit weiblicher
Kadenz (↑ S. 104)

Versfüße/Takte

Jambus (◡–)
Der Jambus hat eine steigende Silbenfolge von der Senkung (◡) zur Hebung (–). Jambische Verse sind sehr häufig. Sie wirken gleitend und man empfindet sie als frisch, belebend und dynamisch.

»Es ist schon spät, es wird schon kalt«
◡ – ◡ – ◡ – ◡ –
(Joseph von Eichendorff, *Waldgespräch*)

Trochäus (–◡)
Der Trochäus ist ein fallender Versfuß, da der Hebung (–) eine Senkung (◡) folgt. Die Hebung zu Beginn gibt dem Vers etwas Gleichmäßiges, Festes und Kräftiges, manchmal auch Schweres.

»Freude, schöner Götterfunken«
– ◡ – ◡ – ◡ – ◡
(Friedrich Schiller, *An die Freude*)

Daktylus (– ⌣ ⌣) Den Daktylus empfindet man als bewegt. Man bevorzugt ihn wegen der Abfolge betont – unbetont – unbetont bei Tanzliedern.	»Ännchen von Tharau ist's, die mir gefällt« – ⌣ ⌣ – ⌣ ⌣ – ⌣ ⌣ – (unbekannter Dichter)
Anapäst (⌣ ⌣ –) Der Anapäst wird häufig im Wechsel mit dem Jambus gebraucht und als belebend empfunden.	»Wie mein Glück, ist mein Lied« ⌣ ⌣ – ⌣ ⌣ – (Friedrich Hölderlin, *Die Kürze*)
Auftakt Ähnlich wie in der Musik spricht man in einem Vers von einem Auftakt, wenn eine Silbe (selten zwei) vor der ersten Hebung liegt, die Anfangssilbe also unbetont ist (↑ vgl. Kadenz 104).	Ein jambischer Vers hat einen Auftakt: »Der Mond ist aufgegangen« ⌣ | – ⌣ – ⌣ – ⌣ (Matthias Claudius, *Abendlied*) Ein trochäischer Vers ist auftaktlos: »Müde bin ich, geh zur Ruh'« – ⌣ – ⌣ – ⌣ – (Luise Hensel, *Nachtgebet*)

Der Rhythmus

Versakzent und Sinnakzent Das Versmaß/Metrum stellt ein schematisches Grundgerüst dar. Orientiert sich der Vortragende eines Gedichts ausschließlich am Metrum, dann wirkt der Vortrag »heruntergeleiert«, da die Betonung des Sinns noch nicht ausreichend gestaltet wird. Die **Sinnakzente** in einem Vers können den Hebungen des Metrums entsprechen oder von ihnen abweichen. Der Rhythmus weckt beim Zuhörer die Aufmerksamkeit und erleichtert das Verstehen. Im Vortrag eines Gedichts können Gestaltungsmerkmale des rhythmischen Sprechens das Metrum überlagern durch: ■ notwendige Sinnakzente, ■ natürliche Sprechpausen, ■ Sprechtempo, ■ Klangfarbe, ■ Betonungsstärke.	In Eichendorffs *Wünschelrute* stimmen Versakzent und Sinnakzent überein, Metrum und Rhythmus entsprechen sich, sodass im Vortrag eine besonders harmonische Stimmung entsteht. »Schläft ein Lied in allen Dingen, Die da träumen fort und fort, Und die Welt hebt an zu singen, Triffst du nur das Zauberwort.« In Eichendorffs *Mondnacht* entspricht im vierten Vers der Versakzent nicht dem Sinnakzent. Der Rhythmus überlagert das Metrum: Die erste Silbe im vierten Vers hat entsprechend dem jambischen Metrum eine Senkung, der Sinnakzent muss jedoch auf dem Wort **So** liegen, weil der vierte Vers eine kleine Zusammenfassung formuliert: »Die Luft ging durch die Felder, Die Ähren wogten sacht, Es rauschten leis die Wälder, So sternklar war die Nacht.«
Zäsur Der Vers hat aufgrund des Satzbaus einen Einschnitt (Zäsur), der beim Vortrag zu einer kleinen Sprechpause führt.	Das zweite Komma markiert die Zäsur: »Du siehst, wohin du siehst, nur Eitelkeit auf Erden.« (Andreas Gryphius, *Es ist alles eitel*)

3.1.3 Die klangliche Gestaltung

Der Reim

Endreim Häufig werden die einzelnen Verse durch einen Endreim miteinander verbunden. Endreime werden durch Kleinbuchstaben (a, b, c usw.) gekennzeichnet, wobei die reimenden Verse denselben Buchstaben erhalten.	a »Es ist schon spät, es wird schon **kalt**, a Was reitst du einsam durch den **Wald**? b Der Wald ist lang, du bist **allein**, b Du schöne Braut! Ich führ dich **heim**!« (Joseph von Eichendorff, *Waldgespräch*)
Reiner Reim Zwei Wörter reimen sich, wenn sie vom letzten betonten Vokal an gleich klingen. In Heinrich Heines Gedicht »Belsatzar« bestehen die Endreime der ersten beiden Strophen aus reinen Reimen.	»Die Mitternacht zog näher **schon**; In stummer Ruh lag **Babylon**. Nur oben in des Königs **Schloss**, Da flackerts, da lärmt des Königs **Tross**.«
Unreiner Reim So bezeichnet man den **annähernden Gleichklang** von Lauten. Der Endreim ist hier ein unreiner Reim.	»(...) Und er brüstet sich frech, und lästert **wild**; Die Knechtenschar ihm Beifall **brüllt**.«

Das Reimschema

Paarreim und umarmender Reim Theodor Fontane hat in seinem Gedicht »Ausgang« einen Paarreim (aa) mit einem umarmenden (umschließenden) Reim (bccb) kombiniert.	a »Immer enger, leise, **leise**, a Ziehen sich die Lebens**kreise**, b Schwindet hin, was prahlt und **prunkt**, c Schwindet Hoffen, Hassen, **Lieben**, c Und ist nichts in Sicht ge**blieben** b Als der letzte dunkle **Punkt**.«
Kreuzreim In Joseph von Eichendorffs »Wünschelrute« reimt sich jeder Vers mit dem übernächsten (abab). Dadurch wirkt der Kreuzreim spannender.	a »Schläft ein Lied in allen **Dingen**, b Die da träumen fort und **fort**, a Und die Welt hebt an zu **singen**, b Triffst du nur das Zauber**wort**.«
Schweifreim Annette von Droste-Hülshoff hat die erste Strophe ihres Gedichts »Im Moose« mit dem **Schweifreim** (aabccb) gestaltet. Der Schweifreim eignet sich besonders für sechszeilige Strophen und bewirkt eine Zweiteilung der Strophe (Paarreim + umarmender Reim)	a »Als jüngst die Nacht dem sonnenmüden **Land**, a Der Dämmrung leise Boten hat **gesandt**, b Da lag ich einsam noch im **Moose**. c Die dunklen Zweige nickten so ver**traut**, c An meiner Wange flüsterte das **Kraut**, b Unsichtbar duftete die Heide**rose**.«
Waise Als Waise (x) bezeichnet man einen ungereimten Vers in einem sonst gereimten Gedicht. Er erregt hierdurch besondere Aufmerksamkeit. In Eduard Mörikes Gedicht »Er ist's« durchbricht die Waise den Kreuzreim durch einen freudigen Ausruf, in dem die Ankunft des Frühlings verkündet wird.	a »Frühling lässt sein blaues Band b Wieder flattern durch die Lüfte; b Süße, wohlbekannte Düfte a Streifen ahnungsvoll das Land. c Veilchen träumen schon, d Wollen bald kommen. c – horch, von fern ein leiser Harfenton! x **Frühling, ja du bist's!** d Dich hab ich vernommen.«

Die Klangelemente

Der Klang in einem Gedicht wird nicht nur durch den Reim und das Reimschema bestimmt, sondern oft auch durch das Prinzip der Wiederholung eines Wortes oder eines Lautes.

■ **Assonanz:** Als Assonanz bezeichnet man den Gleichklang der Vokale, wenn die Konsonanten unterschiedlich sind. In Eichendorffs Gedicht »Nachts« gibt es sowohl eine Assonanz im zweiten Vers als auch zwischen den beiden Reimpaaren Nacht/sacht und Tal/Nachtigall.	»Ich wandre durch die stille N**a**cht, Da schl**ei**cht der Mond so h**ei**mlich s**a**cht Oft aus der dunklen Wolkenhülle, Und hin und her im T**a**l Erwacht die N**a**chtig**a**ll, Dann wieder alles grau und stille.«
■ **Stabreim (Alliteration):** In einem Satz beginnen zwei oder mehrere Wörter mit demselben Anlaut.	**K**ind und **K**egel in **W**ald und **W**iese
■ **Binnenreim:** Die Wörter innerhalb eines Verses reimen sich.	»wenn in **Wecken Schnecken** stecken, wenn die **Meise leise** weint, (...)« (James Krüss, *Wenn die Möpse Schnäpse trinken*)
■ **Lautmalerei (Onomatopöie):** Laute/Geräusche werden mit sprachlichen Lauten nachgeahmt.	miau, kikeriki, töfftöff, Kuckuck

Die Kadenz

Die Kadenz beschreibt im Gegensatz zum Reim den Schluss eines einzelnen Verses und nicht den klanglichen Zusammenhang zweier oder mehrerer Verse.

■ **männliche (stumpfe) Kadenz (einsilbig):** Der Vers schließt mit einer Hebung, d. h. mit einer sinntragenden Silbe. Der Versschluss klingt hart.	»Wer reitet so spät durch Nacht und Wind? Es ist der Vater mit seinem Kind; (...)« (Goethe, *Erlkönig*)
■ **weibliche (klingende) Kadenz (zweisilbig):** Der Vers endet mit einer Senkung. Die weibliche Kadenz klingt deshalb weich und klangvoll.	»Hat der alte Hexenmeister Sich doch einmal wegbegeben!« (Goethe, *Der Zauberlehrling*)
■ **gleitende (reiche) Kadenz (dreisilbig):** Der letzten Hebung folgen noch zwei Senkungen. Die gleitende Kadenz ist besonders klangvoll, aber selten.	»singenden – klingenden Sandbänke goldene« (Marie-Luise Kaschnitz, *Tejo*, aus: ein Wort weiter, Clausen 1965)

3.1.4 Sprachliche Bilder

Mit sprachlichen Bildern werden Gedanken in konzentrierter Weise ausgedrückt.

■ **Allegorie:** Die Allegorie ist die bildhaft belebte Veranschaulichung eines abstrakten Begriffs.	abstrakter Begriff: Tod bildhafte Veranschaulichung: Sensenmann
■ **Euphemismus:** Verhüllende Umschreibung eines unangenehmen oder sonst zu meidenden Begriffs.	Kap der Guten Hoffnung letzte Ruhestätte
■ **Metapher:** Bei einer Metapher werden die Wörter nicht in ihrer eigentlichen, sondern in einer übertragenen Bedeutung verwendet. Die Metapher verbindet so zwei Vorstellungen aus verschiedenen Bereichen zu einem neuen sprachlichen Bild, das neu, unerwartet und in seiner Wirkung intensiv ist.	der Flug der Gedanken Die Substantive **Flug** und **Gedanken** entstammen verschiedenen Vorstellungsbereichen. Aus der Vorstellung, dass Gedanken sich so schnell und leicht bewegen, als ob sie fliegen könnten, entsteht die Metapher.

- **Neologismus:** Als Neologismus bezeichnet man eine sprachliche Neuschöpfung. Die Neubildung kann sich hierbei auf ein einzelnes Wort oder eine Wortverbindung beziehen.
- **Personifikation:** Die Personifikation ist eine besondere Form der Metapher. Eigenschaften oder Verhaltensweisen von Personen ordnet man unbelebten Dingen, Pflanzen oder Tieren zu. Diese werden vermenschlicht.
- **Symbol:** Ein Symbol ist ein wahrnehmbares, anschauliches Zeichen oder Sinnbild, das etwas vergegenwärtigt, was im Augenblick oder überhaupt nicht anschaulich zu machen ist. Manche dichterischen Werke sind um ein bestimmtes Dingsymbol gestaltet.
- **Synästhesie:** Die Synästhesie ist eine Sonderform der Metapher, bei der Eigenschaftsbezeichnungen aus dem Bereich der sinnlichen Wahrnehmung (hören, sehen usw.) in einen anderen übertragen werden.
- **Vergleich:** Ein Vergleich stellt eine Beziehung zwischen zwei Gegenständen oder Sachverhalten her, die eine Gemeinsamkeit aufweisen (**Tertium Comparationis**). Diese Beziehung wird häufig durch die Vergleichspartikel **wie** oder **so … wie** angezeigt.

»Knabenmorgenblütenträume«
(Goethe, *Prometheus*)
»Wellen krieseln«
(August Stramm, *Die Menschheit*)
»Gelassen stieg die Nacht an Land,«
(Eduard Mörike, *Um Mitternacht*)
»drängend fassen Häuser sich so dicht an«
(Alfred Wolfenstein, *Städter*, S. Fischer 1914)

Das Kreuz steht als Symbol für das Christentum. In der Novelle *Die Judenbuche* von Annette von Droste-Hülshoff geschehen alle furchtbaren Ereignisse in der Nähe der Buche, die zum Dingsymbol für das unheilvolle Geschehen wird.
»**Süße** wohlbekannte **Düfte**
Streifen ahnungsvoll das Land.«
(Eduard Mörike, *Er ist's*)

»Es pfeift ihm unter den Sohlen
Wie eine gespenstige Melodei; (…)«
(Annette von Droste-Hülshoff, *Der Knabe im Moor*)

3.1.5 Rhetorische und stilistische Figuren

Der Stil ist die besondere Art und Weise, in der ein Dichter die Wörter miteinander verbindet. Dazu werden rhetorische und stilistische Figuren (Stilmittel) verwendet, d. h., die Wörter werden auf bestimmte Art und Weise gewählt, um eine bestimmte Wirkung zu erzielen.

- **Alliteration:** Wiederkehr des gleichen Anlauts in aufeinanderfolgenden Wörtern.
- **Anapher:** Wiederholung desselben Wortes oder derselben Wortgruppe am Anfang von Sätzen oder aufeinanderfolgenden Versen.
- **Anastrophe:** Umkehrung der syntaktisch geläufigen Wortstellung in gehobener Redeweise.
- **Antithese:** Die Betonung der Gegensätzlichkeit zweier Tatbestände, die in Wortwahl oder Satzbau besonders aufeinander bezogen werden.
- **Apostrophe:** Die Abwendung von den Zuhörern oder Lesern und die Hinwendung zu abwesenden Personen oder Sachen.
- **Chiasmus:** Überkreuzstellung syntaktischer oder inhaltlicher Elemente.

»**F**ließe, **f**ließe, lieber **F**luss!«
(Goethe, *An den Mond*)
»**Gottes ist der** Orient!
Gottes ist der Okzident!«
(Goethe, *West-Östlicher Divan*)
Röslein rot statt rotes Röslein

»Der Wahn ist **kurz**, die Reu ist **lang**.«
(Friedrich von Schiller, *Das Lied von der Glocke*)

»Lang sah ich, Meta, schon dein Grab,
Und seine Linde wehn; (…)«
(Friedrich Gottlieb Klopstock, *Das Wiedersehn*)
Von Berg zu Tal,

von Tal zu Berg.

- **Ellipse:** Unvollständiger grammatischer Satz, dessen Aussage aber aus sich selbst verständlich ist und zum Mitdenken anregen soll.
- **Hyperbel:** Übertreibung des Ausdrucks in vergrößerndem oder verkleinerndem Sinne.
- **Klimax:** Stufenweise Steigerung von weniger Bedeutendem zu Wichtigerem.
- **Parallelismus:** Syntaktisch gleich gebaute Sätze oder Zeilen: dieselben Wortarten oder Satzglieder in derselben Reihenfolge.

»Einsamer nie als im August: Erfüllungsstunde – (...)«
(Gottfried Benn, *Einsamer nie –*, Arche-Verlag 1936)
blitzschnell
Schneckentempo
»Ist **Feuer, Pest und Tod,** der Herz und Geist durchfähret.«
(Andreas Gryphius, *Tränen des Vaterlandes*)
»Nacht ist es: nun reden lauter alle springenden Brunnen. (...)
Nacht ist es: nun erst erwachen alle Lieder der Liebenden.«
(Friedrich Nietzsche, *Das Nachtlied*, aus: *Also sprach Zarathustra*)

3.2 Lyrische Texte und ihre Interpretation

3.2.1 Die Ballade

Die Ballade war zunächst ein Tanzlied der romanischen Länder mit Refrain, das seit dem 13. Jahrhundert weiterentwickelt wurde. Man unterscheidet grundsätzlich die **Volksballade** als gesungenes Erzähllied von der **Kunstballade**, die mit Bürgers *Leonore* begründet und wesentlich durch Goethes und Schillers Balladen weiterentwickelt wurde.

> **BLICKPUNKT**
>
> Die Ballade als **Ur-Ei** der Poesie umfasst nach Goethe alle drei literarischen Gattungen: Epik, Lyrik und Dramatik.
>
> - **epische Elemente:** Das Geschehen wird in verschiedenen Handlungsschritten dargestellt.
> - **lyrische Elemente:** Es gibt lyrische Elemente wie Verse und Strophen, metrische Gestaltung und den Reim.
> - **dramatische Elemente:** Dialoge sind in der Ballade ein wichtiges Gestaltungselement. Es ist ein dramatischer Aufbau zu erkennen, d. h. eine Konzentration auf einen Spannungshöhepunkt.

- **Heldenballade:** Gegenstand ist die sittliche Kraft des Menschen oder einer Idee.
- **historische Ballade:** Gegenstand sind historische oder auch biblische Ereignisse.
- **Ideenballade:** Im Mittelpunkt steht eine der menschlichen Vernunft zugängliche Idee oder ein Gedanke.
- **numinose Ballade:** Den Kern bildet das schauervolle und zugleich Anziehende von Mächten, die für den Menschen nicht fassbar sind:
  - **naturmagische Ballade:** Naturgewalten werden personifiziert und brechen in das menschliche Leben ein.
  - **totenmagische Ballade:** Im Zentrum steht die Beziehung zwischen Mensch und Totenreich.
  - **Schicksalsballade:** Der Mensch steht einer strafenden, überirdischen Instanz gegenüber.
- **politische Ballade:** In modernen Balladen seit dem 20. Jahrhundert werden politische und gesellschaftliche Fragestellungen aufgegriffen.

Theodor Fontane, *John Maynard*

Heinrich Heine, *Belsatzar*

Friedrich von Schiller, *Die Bürgschaft*

Annette von Droste-Hülshoff, *Der Knabe im Moor*

Goethe, *Der Totentanz*

Theodor Fontane, *Gorm Grymme*

Bertolt Brecht, *Ballade von der Kindesmörderin Marie Farrar*

3.2.2 Das Sonett

Das Sonett ist durch einen engen Zusammenhang zwischen strenger äußerer Form und inhaltlichem Aufbau gekennzeichnet.

Inhalt
Ein Sonett verarbeitet persönliches Erleben oder setzt sich mit Themen wie Gott und Tod auseinander oder behandelt politisches und soziales Geschehen.

Aufbau
- Ein Sonett besteht aus 14 Zeilen, die sich auf zwei Quartette (Vierzeiler) und zwei Terzette (Dreizeiler) verteilen.
- Die inhaltliche Struktur und die äußere Gliederung stehen meist in engem Zusammenhang.

Sprache
- Die Quartette und Terzette bestehen aus sich reimenden Versen.
- Die wichtigsten Reimschemata sind:
  - a b b a im ersten und zweiten Quartett und
    c d c in den beiden Terzetten,
  - a b a b im ersten und zweiten Quartett und
    c d e in den beiden Terzetten.
- Der Versfuß ist ein fünfhebiger Jambus.

3 Die Textanalyse lyrischer Texte (Gedichte)

> **BESONDERS NÜTZLICH**
>
> **Aufbau und Inhalt des Sonetts: Hugo von Hofmannsthal, »Die beiden«**

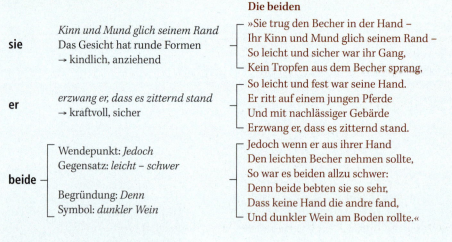

Beziehung zwischen Inhalt und Form:
1. Quartett   Selbstsicherheit der Frau
2. Quartett   Selbstsicherheit des Mannes
Terzette   Nach der Zäsur wird die Zerstörung der Selbstsicherheit gestaltet, wenn sich beide, Mann und Frau, begegnen.

3.2.3 Weitere Formen lyrischer Texte

- **Bänkelsang (Moritat):** Diese Bezeichnung geht auf die Holzbank (Bänkel) als Podium für die Vortragenden zurück. Die Bänkelsänger erzählten etwa auf Jahrmärkten zu Drehorgelmusik in einfacher, oft monotoner Balladenform schauerlich-rührselige oder sensationelle Vorfälle oder kommentierten aktuelle Ereignisse. Die Vorfälle und Ereignisse wurden durch Bildtafeln illustriert, auf die während des Vortrags mit einem Zeigestock gewiesen wurde. Die Bänkellieder endeten meist mit einer Moral.
- **Hymne:** Die Hymne bezeichnet ausgehend von der Antike einen feierlichen Lob- und Preisgesang, der sich in fast allen entwickelten Kulturen findet. Sie kann nicht auf eine bestimmte Form eingeschränkt werden.
- **Lied:** Das Lied ist ein Gedicht, das zu einer bestimmten Melodie gesungen wird. Die Melodie kann wie im Kunstlied über das ganze Gedicht reichen oder sich strophenweise wiederholen. Da sich die Melodie gleichbleibend wiederholt, sind die einzelnen Liedstrophen gleichmäßig gebaut.
- **Ode:** In der griechischen Antike bezeichnete die Ode jegliche zur Musik vorgetragene strophische Dichtung. Kennzeichnend für die Ode im engeren Sinn ist die klare Gliederung in Strophen, die im Gegensatz zum Lied kunstvoller und mit größerer formaler Strenge ausgeführt sind. Der strengen Form entspricht ein feierlicher und gedankenvoller Inhalt.

4 Die Textanalyse dramatischer Texte

Im Drama kommunizieren die Figuren in Form von Dialogen oder äußern sich in Monologen. Auf diese Weise erhält der Leser bzw. Zuschauer Einblick in die Charaktere der Figuren, ihre Denkweisen, Absichten und Gefühle.

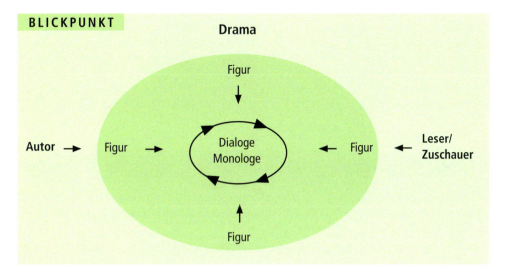

4.1 Merkmale dramatischer Texte

Da Dramentexte in der Regel für eine Aufführung im Theater gedacht sind, darf man bei der Untersuchung dramatischer Texte nicht ausschließlich die Textvorlage analysieren, sondern man muss auch die szenischen Umsetzungen auf der Bühne berücksichtigen.

4.1.1 Text und Aufführung

Merkmale

Zu beachten ist,
- in welchem Verhältnis sprachliche Äußerungen und szenische Umsetzung stehen,
- ob sich die sprachlichen Äußerungen und das Verhalten einer Figur ergänzen oder widersprechen,
- wie viele Personen in einer Szene auftreten und wie sich die Sprechanteile verteilen,
- ob, wann und warum eine Figur verstummt oder schweigt,
- wie sich die Einstellung einer Figur etwa nach einem Monolog verändert hat.

4.1.2 Die Textgestaltung

Dramatische Texte sind dadurch gekennzeichnet, dass der Text äußerlich deutlich in verschiedene Einheiten gegliedert ist.
- **Akt (Aufzug):** Der größte in sich abgeschlossene Hauptabschnitt eines Dramas ist der Akt (Aufzug).
- **Szene (Auftritt):** Jeder Akt ist wiederum in Szenen (Auftritte) gegliedert. Sie sind die kleinsten Aufbaueinheiten des Dramas und gliedern die Dialoge und den Handlungsablauf. So beginnt eine neue Szene zumeist mit dem Auftritt oder dem Abgang einer Figur.
- **Prolog:** Dem eigentlichen Beginn des Dramas kann ein Prolog vorangestellt sein. Er besteht aus einleitenden Worten, die an die Zuschauer gerichtet sind.
- **Epilog:** Der Epilog erläutert die Geschehnisse des Dramas in einem Nachwort.
- **Dialog:** Der Dialog bezeichnet das Zwiegespräch, d. h. den Gedankenaustausch der Figuren in Frage und Antwort, Rede und Gegenrede. Die schnelle, zeilenweise wechselnde Rede und Gegenrede in längeren Dialogen bezeichnet man als **Stichomythie**.
- **Monolog:** Der Monolog bezeichnet das Selbstgespräch einer einzelnen Figur.

4.1.3 Die szenische Darstellung

Elemente szenischer Darstellung

- **Stimme:** Artikulation, Dynamik, Lautstärke, Tempo, Tonhöhe, Tonfall
- **Bühnenaktion:** Annäherung, Erstarrung und Stille, Handgemenge, irres Rasen, Stolpern
- **Bühne:** Anordnung von Bühne – Zuschauer, Bühnenausstattung, Bühnenform, Bühnenbild
- **Licht:** Ausleuchtung, Farbe, Fokussierung, Lichtwechsel
- **Kleidung:** historisch, aktualisierend, Kleidungswechsel, Kontraste in der Kleidung der Protagonisten
- **Requisiten:** Zubehör für eine Bühnenaufführung, Gebrauchsgegenstände bei Bühnenaktionen, Elemente mit symbolischer Bedeutung, Dekoration für die Bühne
- **Medieneinsatz:** Musik, Videosequenzen, Bilder, Gemälde, ungewöhnliche Objekte jeglicher Art

Die Regieanweisung

- Regie- und Bühnenanweisungen sind Anweisungen oder Hinweise des Autors im Dramentext.
- Regie- und Bühnenanweisungen beziehen sich auf: Bühnenbild, Kleidung, Requisiten, Sprechweise, Gesten und stummes Spiel.

Im ersten Akt von Friedrich Dürrenmatts *Der Besuch der alten Dame* (Diogenes, Neufassung 1980) wird dem Zuschauer im Theater sofort der Niedergang der Stadt Güllen vor Augen geführt:
»Glockenton eines Bahnhofs, bevor der Vorhang aufgeht. Dann die Inschrift: Güllen. Offenbar der Name der kleinen Stadt, die im Hintergrund angedeutet ist, ruiniert, zerfallen. Auch das Bahnhofsgebäude verwahrlost, (...)«

In Carl Zuckmayers *Der Hauptmann von Köpenick* wird der Oberwachtmeister als Vertreter der Staatsmacht bei seinem ersten Auftritt charakterisiert, ohne dass er bis dahin ein Wort gesprochen hat:
»OBERWACHTMEISTER *(zieht seine Taschenuhr, kontrolliert):* Zwölfe. *(Er löscht ab, klappt Aktendeckel zusammen).*«

Die Inszenierung

Möchte man einen dramatischen Text inszenieren, so muss Folgendes mitgedacht werden:
- die Umsetzungsmöglichkeiten des Textes auf einer bestimmten Bühne zu einer bestimmten Zeit für ein bestimmtes Publikum,
- die selbstständigen Deutungsmöglichkeiten und das eigenverantwortliche Einrichten des Dramentextes durch den **Regisseur** für die Aufführung durch
  – Streichen von Dialogpassagen oder Szenen,
  – Entstehung der endgültigen Spielfassung des Textes im Rahmen der Probenarbeit im Theater.

In Goethes *Faust* heißt es in der Textvorlage (1887) der Szene *Auerbachs Keller*:
»Die Kehlen sind gestimmt.
Das liebe Heil'ge Römische Reich,
Wie hält's nur noch zusammen.«
Um den Text zu aktualisieren, lautet dieselbe Stelle in der Spielfassung der Schauspielbühne Berlin aus dem Jahr 1990:
»Die Kehlen sind gestimmt.
Das liebe Heil'ge **Deutsche** Reich,
Wie hält's nur noch zusammen.«

4.2 Formen dramatischer Texte

Mit dem Begriff **Gattung** unterscheidet man nicht nur die grundlegenden literarischen Formen Epik, Lyrik und Dramatik, sondern auch die unterschiedlichen dramatischen Formen.

BLICKPUNKT

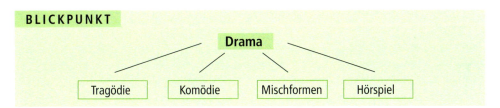

Gattungen

Tragödie
Der zentrale Kern der Tragödie ist der tragische Konflikt: Der Mensch, Held der Tragödie, befindet sich in einer Konfliktsituation, für die er keine Lösungsmöglichkeit kennt. Die Unlösbarkeit des Konflikts führt den Helden schließlich in den Untergang.

Komödie
Die Komödie ist im Hinblick auf den Inhalt und ihre Gestaltung heiter, komisch und durch einen glücklichen Ausgang der Handlung für die handelnden Figuren gekennzeichnet. Die Zielsetzung besteht vor allem im Aufzeigen menschlicher Schwächen.

Mischformen
Neben den klassischen Dramenformen haben sich auch Dramenformen entwickelt, die keine verbindlichen Regeln zu Stoff, Form oder Stilhöhe mehr vergeben, z. B. die Tragikomödie oder das epische Theater (↑ S. 113).

Hörspiel (↑ S. 123)

4.2.1 Das klassische Drama

Der Aufbau im klassischen Drama wird als **5-Akt-Schema** bezeichnet. Die Darstellung stammt von dem Literaturwissenschaftler Gustav Freytag.

BLICKPUNKT

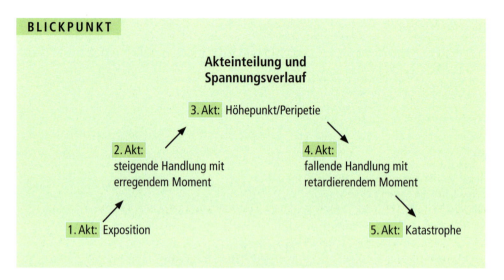

Die fünf Akte

Bedeutung und Funktion
Exposition Die Exposition führt in den tragischen Konflikt ein. Sie gibt eine Einführung in Ort, Zeit und in den Handlungszusammenhang des Dramas. Der Leser oder Zuschauer wird über Hintergründe und Voraussetzungen des dargestellten Geschehens und über die Vorgeschichte informiert. Die Protagonisten werden vorgestellt.
Steigende Handlung Im zweiten Akt wird die Handlung ausgestaltet. Man erfährt Weiteres über die handelnden Figuren und ihre Denkweisen und Handlungsmotive, über ihre Zielsetzungen und von wem sie eventuell abhängig sind. Der Konflikt spitzt sich zu und das **erregende Moment** ist der entscheidende Umstand für die dramatische Verwicklung bis zum Spannungshöhepunkt.
Höhepunkt / Peripetie Im dritten Akt schlägt die Handlung um. Er ist der Wendepunkt.
Fallende Handlung Das tragische Moment des nun deutlich gewordenen Konflikts liegt darin, dass keine versöhnliche Lösung möglich ist. Der Konflikt wird jedoch nicht bereits im vierten Akt zum Ende gebracht, sondern wesentliches Element des Aktes ist das **retardierende Moment**. Durch diese Verzögerung wird der Spannungsbogen verlängert.
Katastrophe Die einzige und letzte Möglichkeit der Konfliktlösung besteht im Untergang des Helden/der Heldin.

4.2.2 Das moderne Drama

In der modernen Dramatik gibt es keine verbindlichen Vorgaben für den Aufbau oder den Bezug der Akte oder Szenen untereinander.

BLICKPUNKT

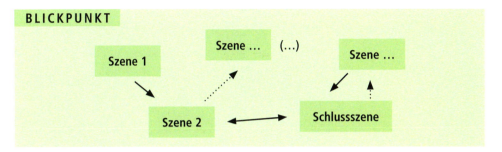

Das epische Theater von Bertolt Brecht

Bertolt Brecht entwickelte in den 20er-Jahren des 20. Jahrhunderts das sogenannte epische Theater. Es unterscheidet sich im Aufbau stark vom klassischen Drama, denn Brecht ging es vor allem um die Wirkung: Die Welt soll als veränderlich dargestellt werden und der Zuschauer soll zur Veränderung der Welt aufgerufen werden. Das zentrale Mittel, um diesen Zweck zu erreichen, bezeichnete Brecht als **Verfremdungseffekt** oder **V-Effekt**.

Der V-Effekt (am Beispiel von Brechts »Mutter Courage und ihre Kinder«)

Merkmale	
■ Der V-Effekt verhindert, dass sich das Publikum in die Figuren hineinversetzt oder einfühlt (Distanz). Es soll dadurch Alltägliches genau wie Fremdes und Unbekanntes **neu sehen**, um so etwa die Ursachen für Missstände zu erkennen.	Die zwölf Szenen bzw. Bilder des Stücks zeigen einzelne Situationen und Geschehnisse aus dem Dreißigjährigen Krieg. Die dargestellte Zeit umfasst hierbei zwölf Jahre: Frühjahr 1624 bis Winter 1636.
■ In einzelnen Szenen bzw. Bildern, die nicht wie im klassischen Drama eng aufeinander bezogen sind, werden Menschen in beispielhaften Situationen gezeigt und vorgeführt.	Die Szenen beginnen mit einem Szenentitel (Titularium), wodurch der Leser informiert, der Inhalt der Szene vorweggenommen oder eine Bewertung der Ereignisse gegeben wird.
■ Die Szenen werden immer wieder durch kritische Kommentare oder Bemerkungen eines Erzählers und direkte Ansprache des Publikums, durch musikalische Einlagen, Spruchbänder oder Szenentitel eingeleitet oder unterbrochen.	Die Songs, die den Gang der Handlung durchbrechen, haben die Funktion, das Geschehene zu überdenken, Kontraste zu gestalten oder Positionen und Auffassungen zu klären. Das *Lied von der großen Kapitulation* hat etwa das Scheitern der menschlichen Pläne zum Thema.
■ Es zeigen sich zwischen den Aussagen der Figuren und ihren Handlungen Widersprüche.	»(…) damit meine Leut ein gutes Stückl zwischen die Zähn kriegen.« (Szene 2)
■ Die Figuren sprechen häufig in der Umgangssprache oder in einem Dialekt.	In der ersten Szene äußert der Feldwebel: »DER FELDWEBEL: Wie alles Gute ist auch der Krieg am Anfang halt schwer zu machen. Wenn er dann erst floriert, (…)«
■ Häufig werden in die Äußerungen der Figuren Redewendungen oder Sprichwörter eingefügt, die jedoch in ungewohnten Zusammenhängen benutzt werden und deshalb überraschen.	Der Feldwebel benutzt hier mitten im Krieg eine Formulierung aus der Geschäftssprache.

4.2.3 Die offene und geschlossene Form des Dramas

Es lassen sich grundsätzlich zwei Dramenformen unterscheiden: die geschlossene und die offene Form.

Vergleich	klassische, geschlossene Form nach Aristoteles	moderne, offene Form nach Brecht
Aufbau	■ Einteilung in Akte/Aufzüge und Szenen/Auftritte, die eng aufeinander bezogen sind und einen **klaren, strengen** und **gesetzmäßigen Aufbau** des Dramas erzeugen, ■ 5-Akt-Schema, ■ einheitliche Haupthandlung.	■ Die Einteilung in große, übergreifende Handlungsabschnitte wird aufgelöst. ■ Die **einzelnen Dramenszenen** werden **betont** und können für sich eine Einheit bilden. ■ Die Handlung und der Gesamtzusammenhang des Dramas ergeben sich durch die Verwendung von Motiven und Metaphern oder von wiederkehrenden Bildern, die die einzelnen Szenen verbinden.
Handlung	■ Die Spannung wird im Drama aufgebaut und erst am Ende gelöst. Der Schwerpunkt liegt auf dem Ausgang der Tragödie, auf der Frage: **Was** wird sich am Schluss ereignen? ■ Die Handlung ist einheitlich, systematisch aufeinander aufgebaut, zielgerichtet und abgeschlossen.	■ Die Aufmerksamkeit wird auf den Gang der Handlung und nicht auf den Ausgang gelenkt. Der Schwerpunkt liegt auf der Frage: **Wie** passieren die Ereignisse? ■ Es können verschiedene Handlungsstränge nebeneinanderlaufen, die nur in einer eher losen Szenenfolge verknüpft sind. ■ Ein offenes Ende ist möglich.
Ort und Zeit	■ Es gilt die Forderung nach der **Einheit von Ort, Zeit und Handlung:** Die Handlung soll an einem Schauplatz/wenigen Schauplätzen innerhalb eines überschaubaren Zeitraums ablaufen.	■ Die Forderung nach der Einheit von Ort, Zeit und Handlung verliert ihre Bedeutung. Die Anzahl der Orte ist nicht beschränkt und es sind sehr große Zeitsprünge möglich.
Verhältnis von Zuschauer und Figuren	■ Der Zuschauer soll sich mit dem Helden **identifizieren** und mit ihm fühlen.	■ Vom Zuschauer wird eine **kritische Distanz** zu den Figuren und zu ihrem Handeln verlangt, sodass er in der Lage ist, ihre Entscheidungen und Handlungsweisen zu durchdenken, zu beurteilen und zu bewerten.
Wirkung	■ Die Tragödie soll eine **moralische Reinigung** bewirken (**Katharsis**). ■ Die moralische Reinigung wird durch die Erregung von **Mitleid** und **Furcht** erzielt.	■ Die durch das Drama gewonnenen **Einsichten** des Zuschauers sollen die gesellschaftlichen Verhältnisse verändern.

4.3 Die Interpretation einer Dramenszene

Aufbau und Inhalt der Analyse

Einleitung

Die Einleitung muss die wichtigsten Informationen zur Dramenszene enthalten und das (grobe) Verständnis der Szene im Zusammenhang des Dramas klären. Sie nennt:

- Titel, Verfasser, Textart,
- Informationen über den Verfasser und die Entstehungszeit,
- den ersten Leseeindruck,
- Vermutung über Aussage und Wirkung der Dramenszene.

Hauptteil

Im Hauptteil werden der Handlungszusammenhang, der Inhalt und der Aufbau der Szene, die Figuren sowie ihre Sprache analysiert, indem sie **aufeinander bezogen** werden. Der Hauptteil beschreibt:

- den Zusammenhang der Szene mit dem gesamten Drama,
- Inhalt und Aufbau der Szene,
- Thema und Gesprächskern,
- Figuren und Figurenkonstellation,
- den Dialog.

Schluss

Im Schlussteil wird die Dramenszene gedeutet. Nur bei dieser abschließenden Stellungnahme darf in der Ich-Form formuliert werden. Der Schluss beschreibt:

- die Aussage der Dramenszene,
- die Wirkung der Dramenszene,
- eine persönliche Bewertung und Stellungnahme.

5 Die Analyse von Sachtexten

Um einen Sachtext vollständig zu erfassen, werden neben dem Inhalt auch der Aufbau, der Argumentationsgang, die sprachliche Gestaltung eines Textes und die Absicht des Verfassers analysiert.

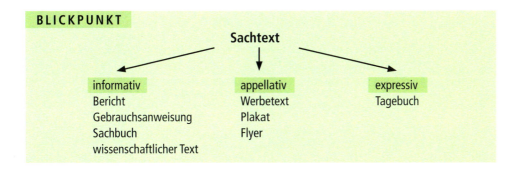

5.1 Aufbau und Inhalt der Sachtextanalyse

Bei der Analyse eines Sachtextes steht immer die Frage nach der Hauptaussage/Aussageabsicht im Zentrum. Die Hauptaussage kann im Text ausgesprochen sein oder wird aus dem Text erschlossen. Die Form dieser schriftlichen Analyse ist die Erörterung (↑ S. 81).

Aufbau und Inhalt der Analyse

Einleitung
In der Einleitung werden die wichtigsten Informationen über den Text (Titel, Erscheinungsort, Textsorte, Thema) zusammengestellt und der Text wird zusammengefasst. Sofern möglich wird die Position und Absicht des Verfassers kurz formuliert und der Adressat des Textes genannt.

Hauptteil
Der Text wird auf verschiedenen Ebenen analysiert:
- Inhalt und Thema, inhaltliche Schwerpunkte: In welche Sinnabschnitte kann der Text gegliedert werden und welche Funktionen haben diese einzelnen Abschnitte?
- Formulierung der Hauptaussage,
- Art der Darstellung: Werden Tatsachen formuliert, Fragen gestellt oder Thesen aufgestellt?
- Aufbau, Plausibilität und Überzeugungskraft der Argumentation: Welche Art von Argumenten wird verwendet? Werden Zitate benutzt?
- sprachliche Gestaltung: Was lässt sich über Wortschatz und Satzbau sagen? Werden auffällige rhetorische Mittel benutzt?

Im Rahmen der Analyse werden auch einzelne Textabschnitte genauer untersucht:
- Bezüge der einzelnen Textabschnitte untereinander,
- Funktion eines Textabschnitts innerhalb des gesamten Sachtextes.

Mögliche Funktionen eines Textabschnitts:
– Einleitung,
– Einführung in einen Problemzusammenhang,
– Ausführung, Bekräftigung, Abschwächung oder Widerlegung eines Gedankens,
– Zusammenführung verschiedener Aspekte aus vorhergehenden Textabschnitten,
– Folgerungen aus Überlegungen im gleichen oder in vorhergehenden Textabschnitten,
– Weiterführung eines Leitgedankens, der den Sachtext als roter Faden durchzieht.

Schluss
Er enthält das Fazit der Analyse, gibt eventuell eine Bewertung und beantwortet folgende Fragen:
- Ist der Text stimmig?
- Passen Argumente und Beispiele zusammen?
- Erfüllt der Text seinen Zweck?

5.2 Die Analyse einer Rede

Die Rede ist ein im Wesentlichen frei gehaltener mündlicher Vortrag, der zu einem bestimmten Anlass mit einer bestimmten Absicht gehalten wird.

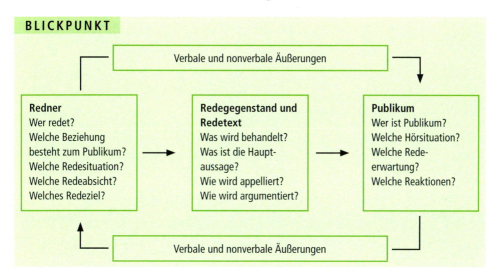

Redner und Adressat
- Der Redner wendet sich mit einer bestimmten Absicht an bestimmte Hörer. Er muss bedenken, welches Verhältnis er zu seinem Publikum hat.
- Der Hörer kann dem Redner ein **Feedback** zur Rede durch nonverbale oder verbale Äußerungen geben.

Nonverbale Möglichkeiten des Feedbacks:
- mimische Reaktionen (zustimmender oder ablehnender Gesichtsausdruck),
- gestische Reaktionen (Handhaltung oder Applaus),
- andere Ausdrucksformen, die mithilfe des Körpers zum Ausdruck gebracht werden, z. B. Verlassen des Raums, Unruhe oder Gähnen.

Verbale Möglichkeiten des Feedbacks:
- bestätigende, zweifelnde, zurückweisende Zurufe,
- unspezifische Äußerungen (Gemurmel, Lachen).

Redeanlass und Redetypen
Der Redeanlass ist das Kernstück bei der Konzeption einer Rede. Von ihm hängt die grundsätzliche Ausrichtung der Rede ab. Man unterscheidet drei Funktionen von Reden:
- **darstellende Funktion:** Eine Rede kann vor allem an der Darstellung eines Sachverhalts ausgerichtet sein (z. B. Referat, wissenschaftlicher Vortrag).
- **appellative Funktion:** Eine Rede kann in erster Linie die Absicht verfolgen, die Zuhörer zu etwas aufzufordern (z. B. Wahlrede).
- **expressive Funktion:** Ein Redner beabsichtigt vor allem Eindrücke und Gefühle zu vermitteln (z. B. Festrede, Geburtstagsrede, Rede zum Jubiläum oder zu einer bestandenen Prüfung).

Thema und Inhalt
Gegenstand und Hauptaussage der Rede müssen klar umrissen sein. Zur Vorbereitung und Gestaltung des Redetextes sind gute Sachkenntnisse erforderlich.

Aufbau und Argumentation
Eine Rede gliedert sich grundsätzlich in Einleitung, Hauptteil und Schluss. Der weiter gehende Aufbau hängt dann wesentlich von der Absicht und der Argumentation ab. Je nach Redetyp enthält eine Rede Thesen, die mit relevanten, überzeugenden Argumenten gestützt werden.

Analysiert man eine Rede, stellen sich folgende Fragen:
– Welche Thesen enthält die Rede?
– Wie werden die Thesen gestützt?
– Sind die Argumente überzeugend und relevant?
– Wird statt mit Argumenten mit Vorurteilen gearbeitet?

BESONDERS NÜTZLICH
Das Argument

Alle Aussagen, die eine Behauptung oder These stützen können, heißen Argumente. Sie haben die Funktion, die Gültigkeit dieser Behauptung oder These überzeugend und einsichtig darzustellen.

Faktenargument
Unstrittiges und überprüfbares Argument, das sich auf Fakten, Tatsachen, Ergebnisse aus der Forschung oder Berichte stützt, die allgemein anerkannt sind.

Normatives Argument
Die These wird durch Schlussfolgerungen aus allgemein anerkannten Grundwerten (Menschenrechte, religiöse Überzeugungen) gestützt.

Autoritätsargument
Der Autor beruft sich auf Äußerungen, Aussagen oder Urteile allgemein anerkannter Autoritäten.

Indirektes Argument
Der eigene Standpunkt soll dadurch überzeugender werden, dass eine Gegenposition entkräftet wird, indem diese Gegenmeinung als unzutreffend dargestellt wird.

MEDIEN

1 Die Zeitung	120
■ **BESONDERS NÜTZLICH** Die Nachricht	121
2 Das Internet	122
3 Das Hörspiel	123
4 Der Film	124
■ **BESONDERS NÜTZLICH** Kameraperspektive, Kamerabewegung und Bildausschnitte	125

1 Die Zeitung

Die Zeitung ist durch Zeitnähe (Aktualität), regelmäßiges Erscheinen (Periodizität), öffentliche Zugänglichkeit (Publizität) und inhaltliche Vielfalt (Universalität) gekennzeichnet.

BLICKPUNKT

Der Weg einer Nachricht

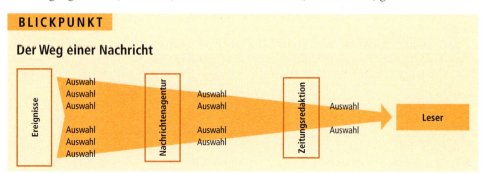

Begriffe des Zeitungswesens und ihre Definition

Feuilleton
Das Feuilleton ist eine eigene Zeitungsrubrik für die kulturellen Bereiche Theater, Film, Literatur und Musik.

Impressum
Das Impressum gibt dem Zeitungsleser Auskunft über Verleger, Drucker, Ressorts und Mitarbeiter der Zeitung.

Layout
Im Layout wird genau festgelegt, wo auf einer Zeitungsseite ein Artikel oder Foto platziert wird.

Nachrichtenagentur
Eine Zeitung arbeitet mit Nachrichtenagenturen zusammen, die Informationen aus aller Welt zusammentragen und diese rund um die Uhr über Fernschreiber oder Satellit anbieten, da eine Zeitungsredaktion nicht alle Nachrichten selbst beschaffen kann. Beispiele bedeutender Nachrichtenagenturen:
dpa: Deutsche Presseagentur, ddp: Deutscher Depeschendienst, ap: Associated Press (USA), rtr: Reuters.

Redaktion/Redakteur
Zur Redaktion einer Zeitung gehören alle Journalisten, die fest angestellt sind, die Redakteure. Sie treffen sich täglich zu Redaktionskonferenzen, in denen über berichtenswerte Themen oder über das Layout entschieden wird.

Ressort
Die verschiedenen Themenbereiche einer Zeitung heißen Ressorts, z. B. Politik, Wirtschaft, Sport, Feuilleton.

Arten von Zeitungsartikeln

Bericht
- Der Zeitungsbericht bietet wie eine Nachricht (↑ S. 122) zusätzliche Hintergrundinformationen.
- Er antwortet ausführlich auf die beiden W-Fragen **wie?** und **warum?**

Feature
- Das Feature als journalistischer Text ist mit der Reportage verwandt, da es dieselben Stilmittel einsetzt.
- Beim Feature tritt der äußere Rahmen eines Ereignisses in den Vordergrund.
- Hauptaugenmerk liegt auf der Schilderung (↑ S. 76) von Atmosphäre und Stimmung.
- Informelles und Randerscheinungen werden wahrgenommen.
- Fakten werden nicht sachlich dargestellt, sondern in Bildern und sprachlichen Eindrücken aufgelöst.

Glosse
- Die Glosse ist ein witziger, oft auch polemischer oder satirischer Kommentar. Ihre ursprüngliche Bedeutung ist »spöttische Randbemerkung«. Daher ist ihr Umfang kurz.
- Die Glosse führt kein Thema aus, sondern greift einen entscheidenden Punkt auf und spitzt ihn zu.
- Entfernt scheinende Aspekte werden grotesk aufeinander bezogen.
- In der Glosse häufen sich Stilmittel und rhetorische Figuren (↑ S. 105).

Kommentar
- Im Kommentar wird die eigentliche Nachricht als bekannt vorausgesetzt.
- Der Journalist nimmt Stellung, indem er subjektiv und wertend aus einer bestimmten Perspektive schreibt.
- Durch die Gedankenführung soll der Leser zum Nachdenken angeregt oder zum Widerspruch gereizt werden.

Leitartikel
- Der Leitartikel ist ein analysierender Kommentar zu einem Thema mit besonderer Aktualität.
- Er ist in seiner Darstellung abwägend und kommt schließlich zu einer klaren Entscheidung.

Porträt
- In einem Porträt wird eine Person in ihrem Umfeld, bei ihren Tätigkeiten und ihrem Wirken dargestellt.
- Es vereint in sich Elemente von Interview, Reportage und Feature.
- Fakten, Stimmungen, Eindrücke und Gefühle werden gemischt.

Reportage
- Die Reportage ist eine aufwendige journalistische Textform, da hier die Informationsvermittlung und die Schilderung der Atmosphäre vereint werden.
- Die Distanz der Nachricht zum Ereignis wird in der Reportage aufgegeben.
- Der Reporter informiert den Leser authentisch, spannend und umfassend.
- Informationsquellen sind Augenzeugenberichte, Interviews, Betroffene oder Experten.
- Dem Leser werden Zusammenhänge und Hintergründe vor Augen geführt.

BESONDERS NÜTZLICH

Die Nachricht

Nachrichten sind Mitteilungen über Tatsachen, Ereignisse oder Personen, um den Zeitungsleser zu informieren. Hierzu muss jeder Nachrichtentext die **W-Fragen** beantworten:
Wer? – Wann? – Was? – Wo? – Wie? – Warum?

Ein Nachrichtentext muss **wahr** sein, die **Quelle** nennen, **sachlich** abgefasst sein und er darf **keine Meinung** des Verfassers enthalten.

Die Elemente einer Nachricht

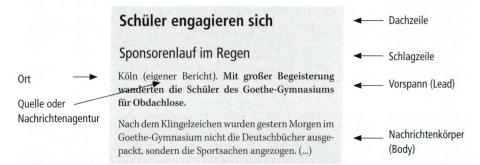

2 Das Internet

Das Internet ist ein weltweites Netz miteinander verbundener Computer. Es dient dem Austausch von Daten, die als Texte, Bilder, Grafiken, Tondokumente oder Videos vorliegen können.

BLICKPUNKT

Internetnutzer			
kostenpflichtige Nutzung	kostenfreie Nutzung		
Es muss immer überprüft werden, ob die Angebote zum Beispiel zu Referaten kostenpflichtig sind.	Information und Unterhaltung	Recherche mithilfe seriöser Adressen	Kommunikation mit einzelnen Personen oder in Foren

Internet-Recherche

Suchmaschinen: Um Informationen mithilfe einer Suchmaschine zu finden, müssen prägnante Suchbegriffe in die entsprechende Zeile auf der Startseite eingegeben werden. In einer erweiterten Suchmaske können verschiedene Wortkombinationen oder Ausschlüsse einzelner Wörter oder Wortgruppen für die Suche vorgeschrieben werden.

www.google.de, www.yahoo.de, www.lycos.de, www.altavista.de

Internetportale: Durch Internetportale sind Informationen systematisiert im Internet verfügbar.

www.schuelerlexikon.de, www.zum.de

Newsgroups: Ist man auf sehr aktuelle Daten, Informationen oder Forschungsergebnisse angewiesen, dann ist die Mitgliedschaft in einer Newsgroup sinnvoll. Mithilfe der speziellen News-Client-Software ist es möglich, mit Suchbegriffen nach thematischen Newsgroups zu suchen.

In Newsgroups gibt es einen intensiven Meinungsaustausch zu ganz speziellen Themengebieten.

Informationen per E-Mail: Mit Instituten oder Organisationen kann sehr schnell über E-Mails Kontakt aufgenommen werden.

Per E-Mail kann Material für Referate erbeten werden.

Internetinformationen

- **Umgang mit Informationen**
  Die Informationen aus dem Internet müssen immer auf ihre Seriosität sowie auf Inhalt und Sprache überprüft werden.

- **Zitierweise**
  Bei Zitaten müssen sowohl die Internetadresse (URL) als auch das Datum angegeben werden.

Informationen sollten mithilfe anderer Internetadressen, Lexika oder Darstellungen in Büchern überprüft werden. Es müssen wie für herkömmliche Textquellen die Methoden der Texterschließung angewendet werden: mehrmaliges Lesen, Fachbegriffe nachschlagen, Textaufbau verstehen, zusammenfassen.

www.storm-gesellschaft.de, 28. 2. 2006

3 Das Hörspiel

Das Hörspiel ist eine dramatische Literaturform, die ausschließlich mit gesprochener Sprache, mit Geräuschen und Musik arbeitet. Das Hörspiel kann als Sonderform des Dramas bezeichnet werden, das mit dem Medium Hörfunk erst möglich wurde.

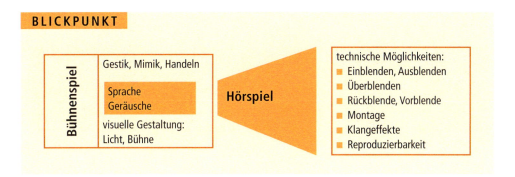

Merkmale
- Da das Hörspiel ausschließlich akustisch wahrgenommen wird, muss sich der Hörer die Personen wie die Handlung vorstellen.
- Der abgedruckte Text ist die Grundlage für eine Aufnahme, so wie der Dramentext Grundlage für eine Bühnenaufführung ist.
- Die Aufnahme ist für einen längeren Zeitraum konservierbar und reproduzierbar.
- Hörspiele werden auch im Auftrag des Rundfunks geschrieben und produziert.

Innere Bühne
- Mit **innerer Bühne** wird das vor dem geistigen Auge des Hörers entstehende Bild der Personen und Ereignisse bezeichnet, obwohl Mimik, Gestik, Aussehen und Handeln der Figuren **nicht sichtbar** gemacht werden können.
- Die Sprecher der Figuren werden durch Sprechweise, Intonation usw. unterschieden.
- Möglichst die erste Äußerung muss ein charakteristisches Bild von der Person entstehen lassen.
- Gestik und Mimik werden durch eine lebendige Sprechweise umgesetzt.
- Da das Vorstellungsvermögen eines Zuhörers begrenzt ist, haben die meisten Hörspiele nur wenige Personen.

Handlung
- Da Handlung im Hörspiel nur durch das Sprechen der Personen oder durch Geräusche vermittelt werden kann, tritt sie in den Hintergrund. Bestimmend sind hingegen Gespräche, Nachdenken (Reflexionen) oder Gefühlsäußerungen.
- Das entscheidende Ereignis liegt häufig vor dem Beginn des Hörspiels.

Zeit und Raum
- Das Hörspiel hat die Möglichkeit einer schnellen Verbindung von früheren und gegenwärtigen Handlungselementen oder Vorausdeutungen.
- Die rasche Abfolge des Hin- und Herspringens zwischen verschiedenen Zeitebenen empfindet der Hörer nicht als problematisch.
- Räume, Handlungsorte oder Bewegungen im Raum werden durch Stimmen, Geräusche und Töne erzeugt.

Merkmale (Fortsetzung)

Blende, Schnitt, Szene und Sequenz
- Die Gestaltungsmittel Blende, Schnitt, Szene und Sequenz werden auch im Film verwendet.
- Die Blende ist im Gegensatz zum harten Schnitt der weiche Übergang zwischen zwei Szenen. Sie ist vor allem geeignet, die Übergänge zwischen verschiedenen Zeitebenen zu gestalten.
- Mehrere Szenen, die einen engen Zusammenhang haben, bilden eine Sequenz.

Wort und Ton
- Gedanken und Gefühle werden in Dialogen oder in Monologen geäußert, wenn kein Erzähler auftritt.
- In einem Hörspiel mit Erzähler besteht seine Aufgabe in der Vorstellung der Handlungssituation.
- Handlungselemente können zusätzlich durch sogenannte Handlungsmusik unterstützt werden. Erinnerungen, Wünsche oder Gefühle können mit bestimmten Melodien oder Rhythmen verbunden werden.

4 Der Film

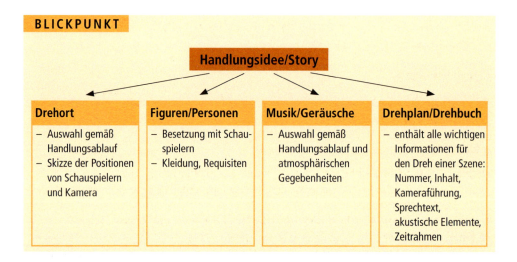

Merkmale filmischen Erzählens

Aufbau
Viele Hollywood-Filme orientieren sich in ihrem Aufbau am klassischen Drama mit seiner geschlossenen Form (↑ S. 114). Der Kinofilm »Titanic« folgt z. B. diesem Aufbau:
1. **Exposition:** Einführung von Figuren, Handlung, Ort, Zeit
2. **steigende Handlung (erregendes Moment):** Rose entscheidet sich für Jack und gegen die Familie
3. **Höhepunkt:** Kollision der Titanic mit dem Eisberg; Flucht der Liebenden; Jacks Gefangennahme
4. **fallende Handlung (retardierendes Moment):** Jacks Rettung; Überlebenskampf von Jack und Rose
5. **Katastrophe:** Untergang der Titanic und Jacks Tod, allerdings Rettung von Rose

Drehbuch
Das Drehbuch hält alle Informationen für die optische und akustische Gestaltung des Filmverlaufs fest.

Merkmale filmischen Erzählens (Fortsetzung)

Einstellung (Take)
Als Einstellung bezeichnet man die kleinste filmische Einheit, die durch Schnitte begrenzt ist.

Story
Die Story umfasst im Gegensatz zum Plot den Verlauf des Filmgeschehens, so wie es sich der Zuschauer in seiner Gesamtheit aus den Informationen des Films erschließt und vorstellt.

Plot
Der Plot bezeichnet nur die Elemente des Filmgeschehens, die auch tatsächlich im Film vorkommen.

Storyboard
Auf einem Storyboard werden die einzelnen Einstellungen des Films durch Bildskizzen festgehalten.

BESONDERS NÜTZLICH

Kameraperspektive, Kamerabewegung und Bildausschnitte

Die Kamera kann ein Geschehen aus verschiedenen **Perspektiven** aufnehmen:
- ▼ Vogelperspektive   = erhöhte Position mit der Möglichkeit des Überblicks
- ▶ Normalsicht   = Kamera befindet sich etwa in Augenhöhe eines Erwachsenen
- ▲ Froschperspektive   = Kameraperspektive von unten nach oben

Kamerabewegung

Stil	Schwenk	Zoom ▼▲	Fahrt ∞⇄
Kamera unbewegt	nach links oder rechts	nah oder fern	Kamera in Bewegung

Bildausschnitte

Detail	In der Detailsicht ist nur ein sehr kleiner Ausschnitt eines Ganzen zu sehen.
Groß	Der Bildausschnitt wird etwa durch einen Kopf ausgefüllt, sodass die Mimik genau zu verfolgen ist.
Nah	In diesem Ausschnitt wird neben der Mimik die Gestik der Hände wichtig.
Halbnah	Ein Mensch ist in dieser Einstellung vom Kopf bis zu den Knien zu sehen, sodass die Beziehung der Person zu seiner Umgebung wie zu den anderen Personen erkennbar wird.
Halbtotale	Die Figur ist in ihrer vollen Körpergröße zu sehen, sodass die Gestik gegenüber der Mimik deutlich in den Vordergrund tritt.
Totale	Durch die Totale wird ein Überblick über das Geschehen vermittelt, sodass sich der Zuschauer im Raum gut orientieren kann.
Weit	Das Panorama einer Landschaft wird eingefangen, wobei einzelne Menschen kaum zu erkennen sind.

Register

Adjektiv 24, 55, 58
Adressat 117
Adverb 26
adverbiale Bestimmung 41, 42, 44
Adverbialsatz 49
Adversativsatz 50
Akkusativobjekt 39, 40, 41
Akt 110
Aktiv 17
Allegorie 104
Alliteration 104, 105
Analyse 87
Anapäst 102
Anapher 105
Anastrophe 105
Anekdote 98
Anführungszeichen 64
Anrede 56, 66
Antithese 84, 105
Apostroph 63
Apostrophe 105
Argument 118
Artikel 8
Assonanz 104
Attribut 41
Attributsatz 51
Aufforderungssatz 45
Auftakt 102
Auftritt 110
Aufzug 110
auktoriale Erzählperspektive 90
auktorialer Ich-Erzähler 90
Auslassungspunkte 63
Ausrufewort 34
Aussagesatz 45
Aussageweise 19
Autor 88

Ballade 86, 106 f.
Bänkelsang 108
Begleiter 8
Bericht 75, 115, 121
Beschreibung 71
besitzanzeigendes Fürwort 29
Bildausschnitt 125
Bildbeschreibung 73
Bindewort 33
Binnenreim 104

Blende 123, 124

Charakter 79
Charakterisierung 79
Chiasmus 105

Dachzeile 121
Daktylus 102
Dativobjekt 40
Dehnung 59
Deklarativsatz 45
Deklination 7
Demonstrativpronomen 29
Detektivgeschichte 98
dialektische Erörterung 82, 83, 84
Dialog 110
Diphthong 61
direkte Rede 22, 23, 67, 91
Doppelkonsonant 59
Drama 109
dramatischer Text 109
Dramentext 109
Drehbuch 124

Eigenname 55
Eigenschaftswort 24
Einheit von Ort, Zeit und Handlung 114
Einstellung 125
Einzahl 7
Elativ 25
Ellipse 106
E-Mail 122
Empfindungswort 34
Endreim 103
Enjambement 100
Epilog 110
epischer Text 88
episches Präteritum 88
episches Theater 113
Er-Erzähler 89
Ergänzungsstrich 63
Erlebnislyrik 100
erlebte Rede 92
Erörterung 81 ff., 116
erregendes Moment 112
Ersatzprobe 38
Erzählbericht 89

erzählender Text 88
Erzähler 88
Erzählperspektive 89
Erzählung 86, 98
Euphemismus 104
Exposition 112

Fabel 86, 93 f.
Fall 8
fallende Handlung 112
Feature 121
Femininum 7
Feuilleton 120
Figurenrede 91
fiktionaler Text 87
Film 124 f.
Finaladverbiale 43
Finalsatz 49
finite Verbform 13
fragendes Fürwort 31
Fragepronomen 31
Fragesatz 45
freie Erörterung 81
Fremdwörter 62, 68
Froschperspektive 125
Furcht 114
Fürwort 27
Futur I 16
Futur II 17

Gattung 86, 111
Gedankenstrich 63
Gedicht 99 ff.
Gegenstandsbeschreibung 72
Gegenwartsform 15
Genitivobjekt 40
Genus 7
geografische Namen 56
Geschlecht 7
geschlossene Dramenform 114
Getrenntschreibung 57, 58
Gleichnis 86, 98
Gliedsatz 46
Glosse 121
Großschreibung 54 ff.
Großstadtlyrik 100
Grundform des Verbs 12

Handlung 114, 123

Hauptsatz 46
Hauptwort 6
Hebung 101
Heldenballade 107
Herkunftsbezeichnungen 56
Hilfsverb 10
hinweisendes Fürwort 29
historische Ballade 107
Höhepunkt 112
Hörspiel 111, 123 f.
Hymne 86, 108
Hyperbel 106
Hypotaxe 52

Ideenballade 107
Imperativ 23
Imperativsatz 45
Impressum 120
Indefinitpronomen 30
Indikativ 19
indirekte Rede 22, 23, 91
indirekter Fragesatz 47
infinite Verbform 12
Infinitiv 12
Infinitivkonjunktion 34
Infinitivsatz 48
Inhaltsangabe 77 ff.
innere Bühne 123
innerer Monolog 91
Instrumentaladverbiale 43
Inszenierung 111
Interjektion 34
Internetportale 122
Interpretation 87, 115
Interrogativpronomen 31
Interrogativsatz 45, 47
intransitives Verb 11

Jambus 101

Kadenz 104
Kalendergeschichte 86, 98
Kasus 7, 8
Katastrophe 112
Katharsis 114
Kausaladverbiale 42
Kausalsatz 49
Klammern 63
Klangelement 104
klassisches Drama 112, 114
Kleinschreibung 54 ff.
Klimax 106
Komma 64 ff.

Kommentar 121
Komödie 111
Komparation 25
Komparativ 25
Konditionaladverbiale 43
Konditionalsatz 49
Konjunktion 33 f.
Konjunktionalsatz 47
Konjunktiv I 20
Konjunktiv II 21
Konjunktivumschreibung mit
 würde 21
Konsekutivadverbiale 43
Konsekutivsatz 49
Konsonant 61
Konsonantenhäufung 59, 62
Konzessivadverbiale 44
Konzessivsatz 50
Kreuzreim 103
Kunstballade 106
Kurzgeschichte 86, 94 f.

Laute 61 f.
Lautmalerei 104
Layout 120
Leitartikel 121
Lied 86, 108
lineare Erörterung 81 f.
literarischer Text 86 f.
Lokaladverbiale 42
Lokalsatz 50
Lyrik 99 ff.
lyrischer Text 99
lyrisches Ich 99

männlich 7
Märchen 86, 98
Maskulinum 7
Mehrzahl 7
Metapher 104
Metrum 101
Mitleid 114
Modaladverbiale 43
Modalsatz 50
Modalverb 10 f.
modernes Drama 113 f.
Modus 19
Monolog 110
Montage 123

Nacherzählung 70 f.
Nachricht 121
Nachrichtenagentur 120 f.

Nachrichtenkörper 121
naturmagische Ballade 107
nebenordnende Konjunktion 33
Nebensatz 46 ff.
Nennform 12
Neologismus 105
neutrale Erzählperspektive 91
Neutrum 7
Newsgroups 122
nicht fiktionaler Text 87
Nomen 6
nonverbale Äußerung 117
Normalsicht 125
Novelle 86, 95 f.
Numeral 34
Numerus 7
numinose Ballade 107

Objekt 39 ff.
Objektsatz 48
Ode 86, 108
offene Dramenform 114

Paarreim 103
Parabel 86, 96 ff.
Parallelismus 106
Parataxe 51
Partizip 55, 58
Partizip I 12
Partizip II 13
Partizipialsatz 48
Passiv 17 ff.
Perfekt 15
Peripetie 112
personale Erzählperspektive 90
personaler Ich-Erzähler 90
Personalform 14
persönliches/unpersönliches
 Passiv 19
Personalpronomen 28
Personenbeschreibung 71 f.
Plot 125
Plural 7
Plusquamperfekt 16
politische Ballade 107
politische Lyrik 100
Porträt 121
Positiv 25
Possessivpronomen 29
Prädikat 39
Präposition 32 f.
Präpositionalobjekt 41, 44
Präsens 15

Präteritum 16
Prolog 110
Pronomen 27 ff.
Pronominaladverb 44
Punkt 68 f.

Quelle 122

Raum 93
Redakteur 120
Redaktion 120
Rede 86, 117
reflexives Verb 11, 17
Reflexivpronomen 28
Regieanweisung 110
Regisseur 111
Reim 103
Reimschema 103
reiner Reim 103
Relativpronomen 31
Relativsatz 47
Reportage 121
Requisiten 110
retardierendes Moment 112
rhetorische Figuren 105
rhythmische Gestaltung 100
Rhythmus 102
Roman 86, 88, 99
rückbezügliches Fürwort 28

Sacherörterung 81 f.
sächlich 7
Sachtext 87, 115
Sage 86, 99
Satz 37 ff.
Satzanfang 54
Satzarten 45
Satzaussage 39
Satzformen 46
Satzgefüge 52
Satzgegenstand 38
Satzglied 37 ff., 41
Satzgliedteil 41
Satzreihe 51
Schärfung 59
Schicksalsballade 107
Schilderung 76
Schlagzeile 121
Schnitt 124
schwache Verben 14
Schweifreim 103
Senkung 101
Sequenz 124
Short Story 94

Silbe 68, 101
Singular 7
Sinnakzent 102
s-Laut 60
Sonett 86, 107 f.
sprachliches Bild 104
Sprichwort 99
Spruch 99
Stabreim 104
Stammform 14
starke Verben 14
steigende Handlung 112
Steigerung 25
Stellvertreter 27
Stichomythie 110
stilistische Figuren 105
Story 125
Storyboard 125
Strophe 100
Subjekt 38, 41
Subjektsatz 48
Substantiv 6, 54
Suchmaschine 122
Superlativ 25
Symbol 105
Synästhesie 105
Szene 110, 113, 124
szenische Darstellung 91, 110

Take 125
täterabgewandtes/täterloses
    Passiv 18
Tätigkeitswort 9
Temporaladverbiale 42
Temporalsatz 50
Tempus 15
Tertium Comparationis 97
Text 87
Textanalyse 86 ff.
Textbeschreibung 86
Textdeutung 87
textgebundene Erörterung 84
Textkürzung 79
Textmarkierung 79
Textzusammenfassung 79
These 84, 118
Titularium 113
totenmagische Ballade 107
Tragikomödie 86, 111
Tragödie 86, 111
transitives Verb 11, 17
Trennung 54
Trochäus 101
Typus 79

umarmender Reim 103
Umstandswort 26
unbestimmtes Fürwort 30
unerhörte Begebenheit 96
unreiner Reim 103
unterordnende Konjunktion 34

V-Effekt 113
Verb 9 ff.
verbale Äußerung 117
Verfremdungseffekt 113
Vergangenheitsform 16
Vergleich 105
Verhältniswort 32
Vers 100
Versakzent 102
Versfuß 101
Versmaß 101
Vogelperspektive 125
Volksballade 106
vollendete Gegenwartsform 15
vollendete Vergangenheits-
    form 16
vollendete Zukunftsform 17
Vollverb 9
Vorgangsbeschreibung 74
Vorgangspassiv 18
Vorspann 121

Waise 103
weiblich 7
Wortart 6
Wortbildung 35
Wortfamilie 36
Wortfeld 36
Worttrennung 68

Zahl 7
Zahladjektiv 34
Zahlwort 34
Zäsur 102
Zeichensetzung 63 ff.
Zeilensprung 100
Zeilenstil 100
Zeitdeckung 92
Zeitdehnung 92
Zeitform 15
Zeitraffung 92
Zeitung 120 f.
Zeitwort 9
Zukunftsform 16
Zusammenschreibung 57, 58
Zustandspassiv 18

Die Bestimmung von Wortarten und Satzgliedern

Substantiv/Nomen – bestimmter und unbestimmter Artikel – Pronomen – Verb – Adjektiv

Veränderliche Wortarten im Satz

Verb		Veränderliche (finite) Verbformen/Personalformen			Unveränderliche (infinite) Verbformen		
		1. Person	2. Person	3. Person	Infinitiv	Partizip I	Partizip II
spielen	Singular	ich spiele	du spielst	er/sie/es spielt	Sie wollen <u>spielen</u>.	Sie lernen <u>spielend</u>.	Sie <u>haben</u> gestern <u>gespielt</u>.
	Plural	wir spielen	ihr spielt	sie spielen			Verbklammer/Satzklammer

WORTARTEN

| Präposition | Adverb | Verb | best. Artikel | Präposition Substantiv/Nomen | Partizip (Adjektiv) | Numerale | Substantiv/Nomen |

Seit gestern | vollführen | die aus Westafrika stammenden, zwei Jahr...

| | | | Attribut | | Attribut |

SATZGLIEDER

| adverbiale Bestimmung der Zeit | Prädikat | | Subjekt |

Umstellprobe (Verschiebeprobe):

| In ihrem Käfig | | vollführen | | die aus Westafrika stammenden, zwei Jah... |
| Atemberaubende Kletterakrobatik | | vollführen | | seit gestern | die aus Westafrika stammende... |

Ersatzprobe:

| Seit Montag | | zeigen | | sie |
| Heute | | präsentieren | | die Affen |

Subjekt

- Das Subjekt steht immer im Nominativ.
- Formen des Subjekts:
  – ein einzelnes Wort: sie
  – eine Wortgruppe: die aus Westafrika stammenden Affen
  – ein Satz (Nebensatz): Dass die Affen atemberaubend klettern, freut mich.
- Außer dem Subjekt kann nach Verben wie *sein, werden, bleiben, heißen* auch ein weiteres Satzglied im Nominativ stehen: Die Schimpansen sind <u>meine Freunde</u>. (Gleichsetzungsnominativ/prädikativer Nominativ)

Objekte

1. Akkusativobjekt (wen?, was?)
   Jana gibt dem Affen <u>eine Banane</u>.
2. Dativobjekt (wem?, was?)
   Jana gibt <u>dem Affen</u> eine Banane.
3. Präpositionalobjekt (Fragewort + Präposition: worauf?, wofür? …)
   Sie freuen sich <u>auf die Fütterung der Schimpansen</u>.
4. Genitivobjekt (wessen?)
   Er erinnerte sich <u>eines alten Schimpansen</u>.